帝國定型

★
★
★
★
★

美國的
1890-1900

徐棄鬱 著

繁體中文版序

　　初聞香港三聯書店計劃出版《帝國定型》的繁體中文版，內心非常欣喜。對於作者來說，書的每一次再版都是對它的肯定，更何況是印成繁體中文，可以讓更多中國人閱讀。當年我寫這本書的時候，一則是想讓更多讀者瞭解美國的成長路徑，瞭解美國一些深層次的東西；二則也有心探求一個問題，那就是我們今天所處的現代世界到底是怎麼來的。記得多年前訪問新加坡時，一名德高望重的華人老教授曾對我說，中國人或者說亞洲人很大程度上是這個現代世界秩序的接受者，而不是創建者，所以更需要看清現代世界到底是如何一步步走來的，否則很多問題將會無解。這句話對我印象非常深，激勵着我不斷投入到一些與當時本職工作「無關」的研究。《帝國定型》某種程度上也是這種激勵的產物。

　　欣喜之餘當然還有一絲惶恐。畢竟此書初版距今已有十年，中國與外部世界都發生了巨大變化。不過可以聊以自慰的是，國際政治的基本邏輯可能並沒有變，而我們中國人也仍然需要看清現代世界到底如何而來。正因如此，《帝國定型》可能還值得讀者翻一翻。

徐棄鬱

於北京

2024 年 5 月

再版序言

作為一個從事戰略研究的中國學者，我對大國崛起這個主題的興趣一直強烈。《帝國定型》是這一研究過程的第二次「產出」。當時寫這本書的初衷，是想挖掘一下美國這個超級大國在崛起過程中一些不易為人關注的底層邏輯，同時以一種相對簡明、好讀的方式呈現給讀者。出版後從讀者朋友的反饋來看，這一目標算是勉強實現。

本以為書出了，這項工作也就自然結束。沒想到 2022 年，此書初版的負責人范新老師突然告訴我，說準備再版這書，命我寫一篇再版序言。聽到這消息，我當然高興，但也有一絲惶恐。畢竟，這是八年前出版的老書了。要知道在八年前，中美貿易戰、中美技術脫鈎還屬於不可想像的事情，距美國方面第一篇鼓吹中美脫鈎的大報告面世也還有一年時間。對照之下，現在的國際環境可以說發生了「斷裂式」的變化。如此，書中內容還能引起人的共鳴嗎？

這個問題我自己肯定沒法回答。

不過細細地捋一下這幾年的國際形勢，會發現在巨大的變化之下，有幾點基本現實還是可以站得住腳的：

第一，美國的霸權正在衰落，但它現在仍然是世界上最強大的國家，也是唯一有能力對我們造成全域性影響的國家。對這樣一個對手，我們的研究不是多了，而是不夠。

第二，中國的崛起仍然是進行式，而不是完成式。對於古今

中外的經驗教訓，借鑑仍然必要。

　　第三，中美關係可能進入一個危機頻發期或者說高度脆弱期。從歷史上看，大國崛起到一定程度，與守成大國的關係往往趨於緊張，進入一個危機常態化的階段。從崛起大國的角度來看，這個階段最為關鍵，同時風險也最大。8月初台海發生的事情及其後續表明，我們正處於這樣一個高風險階段，有些問題上的僵局已經越來越明顯，「破局思考」的緊迫性前所未有。

　　我想，只要上面這三點能成立，那麼《帝國定型》除了管窺歷史之外，應該還能提供一點現實意義。不過，這些只是作者所想。新的背景下此書究竟價值如何，還得由讀者去評判。

徐棄鬱

於北京

2022 年 8 月 8 日

目錄

第一章

「邊疆關閉」：危機與出路

對美國來說，1890 年承載着諸多象徵意義。一方面，美國工業產值在這一年首次躍居世界第一，未來稱雄世界的物質基礎儼然成形；另一方面，人口普查局總監則宣佈，一個世紀以來一直為美國人提供無限機遇的西部「邊疆地帶」已不復存在，暗示着美國將面臨空前的壓力和風險。就在這樣的二元張力之下，美國崛起的關鍵十年拉開了序幕。

增長與危機

19 世紀下半葉是美國經濟發展的一個黃金時期。內戰結束後，美國國內市場實現了進一步整合與擴大，新的企業模式迅速發展，第二次工業革命的浪潮又及時來到。多種因素的幸運結合，使美國的經濟實力快速趕超了英法等老牌歐洲大國，並把同樣新近崛起的德國拋在了後面。

在農業方面，美國得天獨厚的自然條件被一場轟轟烈烈的西進運動所激發。內戰以後，東部地區的大批人口潮水般湧向密西西比河以西地區進行墾荒拓殖，廣袤的西部大平原被開發為大規模農場，並以資本主義的方式運營起來，推動了美國農業的騰飛。1866 年到 1900 年，美國雖然經歷了快速的工業化和城市化，但全國耕地面積仍然實現了大幅增長，由 4.07 億英畝（約 1.65 億公頃）增加到 8.79 億英畝（約 3.56 億公頃）。[1] 農產品產值也從 22 億美元增加到 58 億美元。小麥等農產品還出現了大量剩餘，很快成為美國出口貿易的主要產品。到 1875 年，僅小麥和棉花兩項出口就達 2.51 億美元，佔出口總額的 43%，到 1881 年這兩項更是達到 4.16 億美元，佔出口總額的 47%。[2] 就在這一階段，美國牢牢奠定了世

界農業出口第一大國的地位。

美國在工業上的發展更令人矚目。以當時衡量工業能力最重要的指標 —— 鋼為例，美國於 1875 年的鋼產量不足 40 萬噸；1880 年為 130 萬噸，與英國並列世界第一；1890 年為 430 萬噸，超過位居第二的英國約 20%；1900 年則達到 1,000 萬噸，超過位居第二的德國近 50%。[3] 美國鋼產量的激增與鐵路的大規模鋪設正好形成了供需雙方的相互促進。在 1869 到 1893 年間，美國先後建成了五條橫貫大陸的鐵路線，鐵路建設成為國產鋼鐵主要消費市場，1875 年鐵路建設消耗的鋼甚至佔到國內鋼消費的一半以上。[4] 而全國性鐵路網的建成又為工業擴張提供了良好的基礎設施，刺激了國內市場的進一步發展，帶動了其他領域部門的連鎖反應。隨着機械製造業、石油工業、交通業和通訊業等關鍵領域的快速發展，美國很快在全國範圍內建立起了完整的現代工業體系，並形成了較好的區域佈局。1890 年，美國的工業產值已經躍居世界第一。這種工業擴張的速度、深度和規模都是空前的。

然而，美國非比尋常的經濟擴張背後，也醞釀着非比尋常的經濟危機。當生產能力在第二次工業革命和現代企業制度的推動下突飛猛進的時候，美國的社會結構卻決定了國內需求難以出現質的飛躍，從而使經濟上升週期的逆轉變得不可避免。1890 年前後，美國的經濟增長已經顯出疲態，超量的農業生產使農產品價格普遍下跌，由此引發了中西部農民的還貸問題，廣大農業區開始出現騷動。更重要的是，隨着五條橫貫大陸鐵路線的建成，大規模鐵路建設也接近尾聲，引起鋼鐵工業產能的大量過剩，築路工人和鋼鐵工人的失業率迅速增長。從全國來看，工人平均工資從 1890 年開始顯著下降，大規模罷工的次數明顯增多。更重要的是，由於農產品

價格下跌和大批農場破產，原先象徵着無限機會的西部「邊疆地帶」的吸引力也在減弱，向西部移民的人數明顯減少。在這種情況下，美國國內越來越多的人意識到，他們引以為傲的巨大生產能力已經遠遠超出了國內消費的需求，並且開始引發嚴重的經濟和社會問題。美國國內的焦慮情緒開始逐漸上升，有些人指出，「美利堅共和國的青年時代已經過去了，伴隨着負擔、困難和焦慮的成熟期到來了」。[5]

真正的危機在 1893 年到來。這一年 5 月，美國發生了有史以來最嚴重的經濟危機，產能過剩與國內消費不足的矛盾集中爆發。完成橫跨大陸鐵路線的兩大巨型鐵路公司 —— 北太平洋鐵路公司和聯合太平洋鐵路公司先後宣告破產。象徵「美國天才」的發明家托馬斯·愛迪生（Thomas Alva Edison）也被迫解僱其公司近 70% 的員工，抱怨美國「變成了一個全國性的瘋人院」。[6] 更重要的是，以往發生危機時，美國可以採取向歐洲超量出口農產品的辦法來加以擺脫，但 1893 年歐洲的糧食豐收，所以這個傳統戰略根本無從實施，從而進一步加大了危機的衝擊力度，美國經濟由此出現前所未有的大衰退。到了年底，美國破產銀行達 624 家，破產總額近 3.5 億美元，聯邦黃金儲備則僅剩餘 7,000 萬美元。失業人口也急劇增加。到 1893 年底，119 個城市中的失業工人已達 300萬人。[7] 1894 年春，西部地區一些失業工人集結起來前往華盛頓請願，比較著名的有俄亥俄州商人考克西（Jacob Coxey）率領的「飢餓大軍」和失業鐵路工人組成的「霍根大軍」（Hogan's Army）。這種自西向東的運動對美國人來說極具象徵意義，這表示一度代表着無限機會的西部「邊疆地帶」不再吸引大規模的勞動力，而是開始排斥他們。美國一個世紀以來的人口流動方向似乎正在發生逆

轉，「邊疆關閉」的問題越來越突出了。

尤其令美國上層社會恐懼的是，危機催動了工人運動的迅猛發展，而且其社會主義的色彩越來越重。本來，美國工人在政治上一直以保守著稱，像「勞工騎士團」、「勞聯」等主要工會組織都持改良主義立場，這一點曾經讓恩格斯感到驚奇。[8] 而美國人自己則相信美國的民主制度可以有效地緩解勞工階層的不滿，並避免社會主義革命，用馬克斯・韋伯（Max Weber）的話來說，就是工人可以「向他們官僚吐唾沫」，而不是像在德國那樣「被官僚階層吐唾沫」。[9] 但 1893 年的危機似乎使這些社會和政治調節功能都失靈了。1894 年 5 月，普爾曼鐵路工人舉行罷工，這一美國歷史上規模空前的大罷工使整個西部的鐵路運輸陷於癱瘓。各種罷工和騷亂擴展到美國全國各地，有的刊物甚至稱整個加利福尼亞州都「落入了奧克蘭、薩克拉門托和洛杉磯的暴民之手，而奉命執法的國民軍也放下武器，站到了暴民一邊」。[10] 在很多人看來，美國當時就像進入了國內革命的前夜，軍隊取消軍官休假，處於全面戒備狀態。1894 年 7 月，聯邦政府派遣軍隊進入普爾曼鐵路工人罷工的中心區 —— 芝加哥，與當地政府的民兵和警察共同鎮壓了罷工，造成較大規模的流血事件。這種公開使用軍隊對付社會問題的做法馬上引起了另一種恐懼。在不少美國人看來，政府的強力鎮壓手段雖然可以暫時平息事態，但其本身的危險性和危害性絲毫不亞於大規模罷工和社會騷亂。很多人擔心，這種做法開啟了政府在國內政治中動用軍隊的危險先例。如果社會持續動盪，政府又不斷採取這種做法的話，那麼政府的權力將越來越不受限制並形成中央集權，從而終結由美國開國元勳按權力制衡和民主原則建立起來的政治體制。[11]

由此，經濟危機和社會危機又引起了更深層次的危機 —— 對美國政治體制的懷疑。上層社會的一些人開始擔心，一個多世紀前制定的民主憲政能否適用於一個工業化的、領土大大擴展了的現代美國。1893 年出任克利夫蘭政府國務卿的沃爾特·昆廷·格雷沙姆（Walter Quintin Gresham）早先就在一封信中寫道：「我們的國父們在關於民治政府的問題上走得太遠了……民主現在是法律、秩序和社會本身的敵人，這樣的民主應該被取消。」[12] 到 1894 年，隨着危機與騷亂的蔓延，這種懷疑更深了。對美國來說，這可能比經濟衰退和社會騷亂更危險，因為這種懷疑所動搖的是美國人長期以來最引以為傲的民主制度，是對美國核心價值觀的信心。進入 19 世紀的最後十年，一向不關心國外事務的美國人也開始頻繁談論法國大革命中「雅各賓派的恐怖時期」和「羅馬帝國的最後歲月」，彷彿要從中尋找一種歷史類比。總體上看，歷史學家理查德·霍夫施塔特（Richard Hofstadter）的觀點是站得住腳的，那就是 1890 年代的美國陷入了一種普遍的「心理危機」，整個社會處於恐慌和迷惘狀態，對未來的命運感到擔憂。[13]

尋求出路：思想界

危機有時能倒逼出一個國家的潛能。實際上，早在 1893 年經濟危機爆發之前，精英階層已經看到了美國面臨的危險並提出警告。危機爆發後，經濟與社會的可怕動盪又進一步刺激了美國的精英階層。美國知識界精英都在全力思考兩個問題：一是美國為甚麼會陷入如此嚴重的經濟和社會危機，二是怎麼辦？知識界的這種騷動使 19 世紀的最後十年成為美國思想史上的一個風雲年代，並最

終給美國指出了一個方向。從今天的角度來看，當時的觀點也許有相當一部分需要進行批判，但必須承認，思想的力量在這一時代確實得到了充分展現，而思想、物質與機遇三者的結合則決定了美國此後的發展道路和模式，一定程度上也決定了美國今天的地位。

特納的「邊疆說」

對於 19 世紀的美國來說，廣大西部地區的重要性是無庸置疑的。然而，美國內戰後 30 年對西部的開發程度超過了以往 300 年的拓殖。到 1880 年代，似乎取之不盡的「自由土地」看上去很快要開拓完畢，一種恐慌情緒開始蔓延。這個問題也很快得到一些學者和社會人士的關注。比如約翰‧霍普金斯大學的赫伯特‧亞當斯（Herbert Baxter Adams）從 1880 年就開始探討西部土地對美國發展的意義，1885 年約西亞‧斯特朗（Josiah Strong）在他流傳極廣的小冊子《我們的國家》中，也談到西部之於美國的重要性，以及西部自由土地耗盡可能帶來的後果。[14] 但真正將這個問題上升到歷史哲學高度，並將其與美國面臨的危機和解決之道結合起來的，是歷史學家弗雷德里克‧傑克遜‧特納（Frederick Jackson Turner）。

特納於 1861 年出生於美國威斯康星州。他所攻讀博士學位的約翰‧霍普金斯大學是美國歷史學的重鎮，但佔主流的是所謂「生源說」，強調美國的歐洲淵源，注重從條頓—英國—美國這個種族和文化鏈條來研究和解釋美國歷史的發展軌跡。特納則認為應從美國自身的環境、特質來研究歷史，並逐步形成了自己的學術體系，與赫伯特‧亞當斯等歷史學權威拉開了距離。[15] 1893 年 7 月 12 日，他在芝加哥召開的美國歷史學會年會上宣讀了〈邊疆在美國歷史上的意義〉一文，從而成為美國這段時期最重要、最具影響

力的歷史學家。

在這篇重要的論文中，特納開篇即引用了美國人口普查局總監的簡報：「直到 1880 年，這個國家還有一個可供定居的邊疆地帶，但現在未定居地已經被各種孤立的定居點分割得支離破碎，已經談不上有一條『邊疆地帶』了。」他緊接着指出，美國的歷史很大程度上就是對廣大西部進行開拓和殖民的歷史，而「自由土地的存在及其不斷後退，美國人定居點的不斷西進，解釋了美國的發展」。[16] 他認為，美國的發展之所以與其他國家不一樣，主要因為存在着一條不斷西移的「邊疆地帶」。這一邊疆的不斷移動，使美國不是線性地從原始發展到文明、從農業發展到工業和城鎮，而是周而復始地不斷回到新的原始起點。「這種不斷地重生，這種美國生活的流動性，這種伴隨着機會的向西擴張，這種與原始社會的簡單狀態的不斷接觸，構成了主導美國特性的力量」，所以考察「美國歷史的真正要點是在偉大的西部，而不是在大西洋沿岸」。[17]

接下來，特納分別強調了邊疆地帶對美國民族特性和民主制度的重要推動作用。他認為，來自歐洲各國的移民正是在不斷向西拓殖的過程中，逐步淡化了自身的歐洲淵源並相互融合。而「文明與野蠻交界」的邊疆地帶是美國化最有效的地方：「（西部的）荒野主宰着殖民者。它發現殖民者在穿着、行業、工具、交通方式和思想上都是一個歐洲人。它把他從火車裏拉出來，放在樺木做的獨木船裏，把他文明的衣服扯去，換上獵裝和莫卡辛軟皮鞋。」[18] 歐洲特性就這樣被反復出現的原始環境打磨成簡單、堅強而富有活力的美國特性。但特納認為，西部最重要的意義還不在於此，而是在於推動美國民主制度的發展。在他看來，西部為開拓者提供了自由土地，使其形成一種重要的平等意識，而且地廣人稀的環境助長了

　　　帝國定型：美國的 1890-1900

「憎惡管制，特別是任何直接管制」的個人主義，這種對個人自由的高度推崇從一開始就是美國民主制度誕生的催化劑。這些因素和西部地區的國家主義傾向結合起來，又使得原先小國寡民式的「傑斐遜民主」轉變為門羅總統的共和主義和傑克遜總統的「平民民主」，最終成就了美國民主制度的發展和完善。[19]

在用史詩般的語言闡述了邊疆地帶對美國成長的重大意義後，論文的最後一段提出了「邊疆消失」所帶來的問題。其中直接涉及現實危機的，是美國不再有這樣一片廣闊的自由土地來吸納美國人的能量，邊疆地帶作為美國人尋求機會、擺脫困境的「逃生口」不復存在，美國社會一個重要的「安全閥」消失了，開始面臨不確定的未來。文章的結尾頗有一種啓示錄的色彩：「現在，發現美洲四百年、在美國憲法下生活一百年後，邊疆地帶消失了。伴隨它的消失，美國第一階段的歷史結束了。」[20]

這篇論文在美國的學界和社會上都激起了巨大反響。它的意義並不在於揭示了歷史真相，而是在於用一種高度簡化、直觀的邏輯完成了對美國歷史的重構，從而對美國整個社會心理產生了深刻影響。第一，「邊疆說」強調了美國歷史進程的自身特性，激發了美國人作為一個國家群體的自我意識；[21] 第二，它指出了美國1890 年代以後面臨危機的根源，那就是邊疆地帶或者說是西部自由土地的消失。這一點雖然後來被證明並不符合客觀事實，[22] 但對當時的美國來說卻非常重要。在特納的論文發表前後，美國已經有一些人將邊疆消失和經濟社會危機聯繫起來。像保守派刊物《貿易與金融編年史》就將西部經濟的停滯歸咎於「邊疆關閉」，而在政治譜系的另一端，進步主義運動的著名人士哈維也指出：「世界上的未開發地是窮苦人的逃生閥……現在世界上適合人類居住的未

開發地已經沒有了,審判馬上就要到來了。」[23] 特納的論文正好印證了這種直觀感受,因而引起了極大的社會共鳴。西奧多‧羅斯福在給特納的信中寫得很清楚:「我認為您已經把人們模模糊糊意識到的一個想法以明確的形式表達了出來。」[24]

另外,特納的「邊疆說」也為美國擺脫危機提供了思路。按照他的邏輯,既然「邊疆關閉」是美國一系列問題和危機的根源,那麼合理的解決辦法就是繼續擴張以創造新的「邊疆地帶」,以便為美國經濟、社會和政治制度的發展提供必要的推動力。實際上,特納本人也是這麼提倡的。他在 1896 年〈西部的問題〉一文中明確指出:「在將近 300 年的時間裏,美國人生活中的主要因素就是擴張。當美國人在太平洋沿岸定居並佔據無主的土地時,這一擴張運動就走向停頓。(然而)稱這種擴張的能量不再起作用將是一個魯莽的預言。為了跨大洋運河,為了重建我們的海上力量,為在邊遠島嶼和鄰近地區擴展美國的影響而採取有力的對外政策,正是這一運動將持續下去的表現。」[25] 對多數美國人來說,特納已經為美國社會的危機和問題找到了一個看得見、摸得着的根源,而他的這種解決辦法更是簡明有力,易於理解和接受。所以,在當時特定的歷史條件下,特納的「邊疆說」實際上起到了某種社會動員的效果。美國越來越有意識地把繼續擴張作為擺脫危機的基本思路。

馬漢的「海權論」

然而,美國要繼續擴張的話,還面臨着擴張方向和擴張方式的問題。如果仍然沿用以往大陸領土擴張的模式,那麼聯邦制和民主政體很可能承載不了更多的領土和人口,不少人擔心美國會重蹈「羅馬帝國分崩離析」的覆轍。[26] 在這種情況下,馬漢的「海權論」

非常適時地指出了一個明確的擴張方向，也指出了一種新的擴張方式，從而為美國發展成一個不同於英法等歐洲殖民帝國的新型帝國做好了思想和理論的準備。

阿爾弗雷德‧塞耶‧馬漢（Alfred Thayer Mahan）出生於 1840年，從海軍學院畢業後進入美國海軍服役。他本人似乎不是一名優秀的海軍指揮官，其指揮的艦艇曾多次發生碰撞事故，而且他偏好舊式風帆艦船，不喜歡新式的蒸汽鐵甲艦，還一再逃避需要出海的工作崗位。馬漢的過人之處，是在歷史研究和戰略思維方面。1890年，他出版了第一部專著《海權對歷史的影響 1660—1783》（*The Influence Of Sea Power upon History 1660—1783*），將以往有關海權的各種分散理念綜合為一套邏輯嚴密的哲學，從而奠定了他作為歷史上最負盛名的海軍史學家和海權思想家的地位。在馬漢的思想體系中，海權與陸權的對比、海權的構成要素和奪取海上控制權的海軍戰略無疑是三大核心內容，也是馬漢認為具有普遍適用性的。學者重點關注的也是這一部分。[27] 除此以外，他的思想還反映了很重要的現實關懷或者說是美國關懷，海權論的邏輯起點與其說是對英國海軍歷史的歸納，不如說是對美國如何擺脫危機的思考。

對於美國 19 世紀末的危機和社會矛盾，馬漢的認識遠遠超出了一個職業軍人的視野。早在經濟危機爆發之前，他就關注生產過剩和失業問題，認為美國所面臨的實際上是保持強大生產體系的動力和社會穩定這兩大任務。[28] 1893 年危機爆發後，他明確指出危機的核心問題是第二次工業革命造成的，是因為「通過生活水平的提高、財富和人口的增加來實現的國內消費的增長，跟不上蒸汽機帶來的生產的增長」。[29] 可以說，在他的思想體系中，生產始終被放在一個關鍵位置，或者說是邏輯起點。[30] 1890 年出版的《海權

對歷史的影響 1660—1783》實際上暗含了一個前提，即美國已經建立起了強大的工業體系，而且生產正在迅速過剩。書中在構建海權理論時，生產又被作為「構成海權三個環節」中的第一環節：「生產，是交換產品所必需的；海運，用來實施交換；殖民地，為海運活動提供便利和促進，並通過增加安全據點來提供保護。」[31] 而分析美國如何「從歷史教訓中得出適用本國和行政部門的結論」時，他首先強調的也是美國的生產能力：美國政府「從內戰至今，一直有效地致力被稱作海權鏈條中的第一環節。國內發展、大規模生產和與之相伴隨的自給自足，是政府的目標，某種程度上也是政府努力的結果」。[32]

既然強大的生產能力是馬漢的邏輯起點，那麼合理的結果就是美國必須開拓海外市場，通過對外貿易來彌補國內消費能力的不足：「不論願意與否，美國人現在必須向外看。這是這個國家不斷增長的生產的要求，也是不斷上升的大眾情緒的要求。」[33] 而在對外貿易方面，馬漢又跳出了傳統的重商主義窠臼，認為以高關稅來保護國內市場並獲得貿易順差並不是美國追求的目標，更不是美國貿易擴張的形式。因為高關稅「本質上是一種防禦」，而厭惡防禦、崇尚進攻的馬漢主張更富於擴張性的自由貿易：「互惠的不斷增加的貿易自由是擴張的邏輯結果。」[34]

大規模的、擴張性的海外貿易又離不開對海洋的駕馭，所以馬漢一反美國將海洋視為安全屏障的傳統，指出海洋「是人們通往四面八方的一條大道，或是一片寬闊的公有地」。在強調海上貿易線路的重要性時，馬漢非常關注可能引發的國際爭奪，並警告美國人，一旦在中美洲建成連接兩洋的運河，「加勒比海將變成世界上主要的交通幹線之一。大量貿易將通過此路線進行，並將其他大

國，特別是歐洲國家的利益前所未有地拉到我國海岸地區……要像以往那樣超然於國際糾紛就不那麼容易了」。[35] 正是在這樣的邏輯基礎上，馬漢提出了海權相對於陸權的優勢、建立一支以主力艦為核心的艦隊來控制海洋等一系列海權理論的核心部分。

到此，馬漢的整個理論鏈條就非常完整了：首先是一個國家具備巨大的生產剩餘產品（即馬漢所說的用於交換的產品）的能力；其次，需要大規模地進行海外貿易，通過擴張性的貿易政策將本國的剩餘產品銷往國外市場；再次，貿易競爭不可避免地產生衝突，所以需要以海軍和海外基地來實現對海洋的控制（Command of the Sea）。這樣的一個理論體系對於當時的美國來說可謂恰逢其時。當美國人因邊疆消失而惶恐的時候，馬漢的理論指出了美國應開拓新的、海上的邊疆，從而通過新一輪的擴張來走出危機和困境。

很多資料強調馬漢是一個狂熱的擴張主義者，但他主張的擴張與歷史上傳統的領土擴張或殖民擴張並不相同。在他看來，美國所需要的擴張主要是貿易擴張，是對主要市場和廣闊海洋的自由進入，而不是增加直接控制的領土。這一點突出表現在他對殖民地的看法上。英法等歐洲老牌殖民帝國（體現出傳統的重商主義）將殖民地視為原材料來源、剩餘產品市場和剩餘人口的安置地，而馬漢雖然將殖民地列為海權三大要素之一，但是將其功能一分為二：一是作為剩餘產品的出口市場，二是作為商貿與船運的保護據點。其中，他真正看重的是第二種功能，特別是從 1892 年以後，他基本上不再指望殖民地能吸收多少剩餘產品，而是越來越將其作為海外戰略基地，作為讓美國的產品和影響力進入世界其他地區的「安全據點」和「跳板」。[36] 在 1898 年美西戰爭後，馬漢就反對吞併整

個菲律賓，主張只吞併兩個島作為海軍戰略基地。這件事非常典型地反映了馬漢在殖民地問題上的觀點。

按照這種思路，美國無疑將變成一個帝國，卻不是歷史上羅馬帝國、中華帝國、阿拉伯帝國、蒙古帝國和俄羅斯帝國那種單純幅員擴張所形成的帝國，也不是英法等歐洲國家那種建立在直接控制基礎上的殖民帝國，而是一種新型的帝國。它以強大的生產能力和貿易能力為基礎，要求其商品和影響力能夠自由進入世界各地，同時盡可能地減少對海外領土的直接控制，以便節約政治和財政成本。用一句話歸納，美國作為一個國家是有邊界的，作為帝國則是無邊界的。這種帝國發展的邏輯正是無孔不入的資本的邏輯。

從影響上看，馬漢的「海權論」及其蘊含的擴張主義思想似乎比特納的「邊疆說」更勝一籌，尤其是得到了當時美國精英階層的熱烈支持。其中，後來成為美國總統的西奧多‧羅斯福（Theodore Roosevelt）就是馬漢思想最主要的支持者和推廣者。《海權對歷史的影響 1660—1783》一書剛出版不久，羅斯福就在《大西洋評論》上發表書評，稱讚馬漢「開創了海軍史撰寫的嶄新一派」。當馬漢於 1892 年出版第二本著作《海權對法國革命和法蘭西帝國的影響 1793—1812》（ *The Influence of Sea Power upon the French Revolution and Empire 1793—1812* ）時，羅斯福又在《政治科學季刊》上發表書評，稱馬漢從「哲學的高度」來分析海權問題，從而引發了海軍史研究的革命。[37] 馬漢深交的另一個重要人物是參議員亨利‧卡伯特‧洛奇（Henry Cabot Lodge）。洛奇於 1895 年進入美國參議院對外關係委員會，是世紀之交到一戰後凡爾賽會議之間影響美國外交政策走向的關鍵人物之一。此外，馬漢還與一大批上層人士交往甚密，包括 1889 至 1893 年間任海軍部長的本傑明‧特

雷西（Benjamin F. Tracy）及其接任者希拉里‧赫伯特（Hilary A. Herbert）、1898 年任美國國務卿的海約翰（John Hay）、共和黨報業大亨雷德 (Whitelaw Reid)、著名評論家亨利‧亞當斯（Henry Brooks Adams）、參議員貝弗里奇（Albert J. Beveridge）等等。這些人都屬於信奉海外擴張的帝國主義者，經常在華盛頓聚會，實際上形成了一個在美國上層推動海外擴張的精英俱樂部。馬漢的思想通過他們在美國權力高層廣泛傳播，對美國外交和軍事政策走向產生了深遠的影響。

其他擴張主義思想

除了特納與馬漢，當時美國的思想界還有很多人鼓吹海外擴張。如果仔細考察一下，這些擴張主義的主張和思潮實際上是一種混合物，其中包括社會達爾文主義、新教的加爾文主義、盎格魯—撒克遜主義、美國的「天定命運說」等。[38] 其中社會達爾文主義的影響更加突出一些。英國人赫伯特‧斯賓塞（Herbert Spencer）的社會達爾文主義傳入美國以後，很快形成了一股強大的思潮。美國的建國歷史和發展歷史似乎很容易使美國人接受這種用「自然選擇」、「適者生存」來解釋人類社會發展的說法。到 19 世紀末期，社會達爾文主義實際上成了很多人思考問題的一個出發點，或者說提供了一種語境，正如馬漢指出的：「『生存鬥爭』、『生存競爭』這些詞是如此熟悉，以至於我們除非停下來思考，否則感覺不到它們的重要性。」[39] 這種思潮無疑和美國 19 世紀末的海外擴張有很大的關聯。不過社會達爾文主義，特別是其中一些代表人物，對美國具體擴張政策的影響還是值得商榷的。事實上，美國社會達爾文主義的一些旗手，像威廉‧薩姆納（William Graham

Sumner）、愛德華‧尤曼斯（Edward Youmans）、約翰‧伯吉斯（John W. Burgess）和約翰‧菲斯克（John Fiske）等人的思想是混合的、多面的。一些歷史學家喜歡引用他們的話來證明社會達爾文主義對美國擴張的推動作用，比如菲斯克的論斷：「經過自然選擇，美國已經成為勝出的國家，表明了適於生存的美國人自然地、合乎邏輯地應該統治弱者，即不適於生存的人。」[40] 實際上，這些人雖然鼓吹物競天擇，但基本上都不主張進行軍事征服，反對美國推行一種好戰的擴張政策。菲斯克本人就非常反對軍事征服和軍事擴張，認為美國的「天定命運說」將體現在民主體制和工業文明的勝利上，而不是像歷史上那些大帝國的軍事征服，並認為「工業社會的創造性競爭」最終將取代以軍事為主要手段的「毀滅性競爭」。[41] 所以，美西戰爭前後就有不少著名的社會達爾文主義者站到了「反帝國主義」陣營，反對為古巴開戰，也反對戰後吞併菲律賓。

美國的一些宗教團體，尤其新教團體，也是擴張主義思潮的重要來源。19 世紀後期，美國嚴重的衰退和社會動盪好像進一步「激發」了新教傳教士團體的擴張意識，很多宗教人士宣揚美國只有兩個選擇：要麼擴張，要麼衰落。他們將帶有濃厚清教色彩的「山巔之國」[42] 的概念進一步升級，將美國的海外擴張描述為上帝的意旨，並宣稱美國的擴張即基督教在人間統治的擴大。[43] 其中，比較突出的代表就是美國新教牧師、「社會福音運動」創始人約西亞‧斯特朗（Josiah Strong）。他於 1847 年出生於美國伊利諾伊州，1871 年成為公理會牧師後，長年在美國西部傳教，並一度擔任「美國福音派聯盟」的秘書長。斯特朗是非常「入世」的宗教人士，高度關注社會現實問題，較早地意識到了工業化和城市化帶來的一系列弊端，屬於今天美國政治中非常活躍的基督教右翼的早期代

表。對於美國面臨的危機與困境，他提出的主要解決辦法也是海外擴張，並且將其提到了基督教普世觀的高度。1885 年出版的《我們的國家：可能的未來與當前的危機》（*Our Country, its Possible Future and its Present Crisis*）一書中，他開篇就強調，19 世紀的最後幾年將是具有關鍵意義的時刻，基督教的前途就取決於美國在這幾年的發展，其重要性「僅次於耶穌誕生」，「很多人沒有意識到我們生活在一個極其重要的時代……美國這一代人將深刻地影響，甚至在一定程度上決定人類未來幾個世紀的命運」。[44] 斯特朗還大力鼓吹盎格魯—撒克遜民族的優越地位，稱其最能體現純粹的基督教精神，因此「這一種族註定要支配其他較弱的種族，同化他們，塑造他們……直到將人類盎格魯—撒克遜化」。[45] 同時他又指出，美國而非英國才是盎格魯—撒克遜民族真正的家園，這樣就達到了他邏輯的終點——美國的擴張意味着基督教精神在世界上的普及，世界的未來將取決於美國的擴張是否成功：「我祈禱拯救美國不是為了美國自身，而是為了世界。」[46] 當然，斯特朗並不是泛泛地鼓吹海外擴張。他與特納、馬漢等人的想法類似，認為美國在西部土地開墾完畢後，應繼續向西、向太平洋方向擴張。他提出，太平洋將是控制世界貿易的中心位置，其地位相當於發現新大陸之前的地中海，美國應在此部署足夠的海軍，佔據重要的戰略基地，爭取使太平洋成為「盎格魯—撒克遜之海」。[47] 斯特朗的著作雖然談不上甚麼學術價值，其中的觀點也比較駁雜，但他長年在普通民眾中傳教，其所寫所言具有獨特的「草根魅力」，能夠直接深入民眾並觸動美國文化中深層的基督教（特別是新教）情懷。因此，他的著作在當時的美國國內流傳極廣，並得到了西奧多‧羅斯福、馬漢等人的大力推薦。

當時著名的擴張主義思想家，還包括布魯克斯‧亞當斯（Peter Chardon Brooks Adams）。他出自名門，是前文提到的著名評論家亨利‧亞當斯的弟弟，祖父是美國第十任總統約翰‧昆西‧亞當斯（John Quincy Adams），曾祖父是美國開國元勳、第三任總統約翰‧亞當斯（John Adams）。他的核心觀點是世界商業文明中心的興衰存在着週期性規律，從地理位置來看則是由東向西不斷移動：先是從君士坦丁堡轉移到威尼斯，再到荷蘭的阿姆斯特丹，再到倫敦。他認為，伴隨着這種商業中心的西移，世界性帝國的中心也在不斷西移，而未來世界的中心必將從英國西移到美國。針對美國本身的問題，他也從「歷史法則」角度提出了幾大建議：（一）美國必須通過加強生產和社會組織方面的效率來贏得國際競爭；（二）美國的擴張必須跨越太平洋，要控制亞洲以便為帝國的成長提供足夠的「能量」；（三）需要一個具有勇武氣概的領袖人物來領導美國進行這樣的擴張。布魯克斯‧亞當斯對美國政界很有影響力，在共和黨內尤其受到重視。1897 年共和黨的麥金萊政府上台後，他在政府中處於一個非常重要的地位，被人稱為「先知」。而在美西戰爭前後，他又成為推動美國向西班牙開戰的主要人物，和參議員亨利‧卡伯特、洛奇（Henry Cabot Lodge）、西奧多‧羅斯福一起被稱為戰爭年代的「三劍客」。**48**

從歷史的角度來看，19 世紀的最後十年無疑是美國思想界最為活躍的時期之一。在嚴重的經濟和社會危機面前，美國國內形形色色的思潮和社會「藥方」層出不窮，而彼此之間的碰撞和匯集最終形成了一個基本的共識，那就是美國已經到了一個「歷史性的轉折關頭」。在特納、馬漢、菲斯克和斯特朗等人的推動下，美國社會實際上完成了一次大規模的心理動員和觀念更新。近一個世紀以

來，美國所謂的「天定命運說」一直鼓吹要將領土「擴展到整個北美大陸」，而此時整個國家的關注點卻決定性地從美洲大陸轉向了大洋。海外擴張，特別是海外貿易擴張，成為解決美國危機和困境的重要選擇，成為一種新的「天定命運說」。

尋求出路：決策層

美國思想界與整個社會精英階層關係非常密切，其中的潮流變化不可避免地影響到國家的決策層。從 1890 到 1900 年間，美國共經歷了三屆政府：共和黨的哈里森政府（1889—1893）、民主黨的克利夫蘭政府（1893—1897）和共和黨的麥金萊政府（1897—1901）。這幾屆政府的執政理念雖有差異，但對美國社會經濟危機的認識和解決危機的思路是基本一致的，其各項具體政策在最終效果和影響上也指向一個大方向，那就是推行一種以貿易為主的海外擴張，建立一個不受邊界限制的新型帝國。

這三屆政府中，哈里森政府和克利夫蘭政府時期是確立這種大方向的主要階段，麥金萊政府則屬於進一步發展和「衝刺」的階段。所以前兩屆政府中的一些認識與做法尤其值得一提。

哈里森政府

本傑明・哈里森（Benjamin Harrison）原本屬於共和黨內部主張高關稅的一派，認為美國需要用高關稅來保護國內產業並創造盡可能多的貿易順差。但上任不久，他就敏銳地意識到現實的壓力，在 1890 年底的年度諮文中就提出要致力開拓國外市場，特別是農產品市場。1891 年，他原先那些貿易保護主義的言辭已經全

部消失了，轉而鼓吹實行互惠關稅。[49] 相形之下，國務卿詹姆斯·布萊恩（James G. Blaine）在該問題上的立場則更為清晰和一貫，他認定美國必須走貿易擴張而不再是領土擴張之路。還在 1880 年代，他就指出：「當歐洲列強持續擴大他們在亞洲和非洲的殖民地時，這個國家的特殊使命卻是擴大與美洲國家的貿易。」出任哈里森政府的國務卿後，布萊恩在緬因州的一次講話集中地反映了他的觀點和施政路線：「美國已經發展到這樣一個地步，其主要的任務之一就是擴大對外貿易。在保護性政策之下我們已經發展出了大規模的生產能力，在很多領域超過了國內市場的需求⋯⋯我們需要的是擴張。我指的是我們可以獲利的、與其他國家的貿易擴張。我們不追求領土的兼併⋯⋯與此同時，我認為如果不追求小皮特所說的貿易兼併，那我們將是不明智地自我滿足。」最後，他提到的「貿易兼併」實際上就是兼併那些對開展海外貿易至關重要的、面積較小的「要點地區」。在他看來，「值得兼併」的地方有三個：夏威夷、古巴和波多黎各，全部「都不在北美大陸上」。[50]

布萊恩還認為，政府應當積極推動商人們去實現這種擴張。在他看來，擴張的方向首先是南美國家：「我們需要的是我們南方鄰國的市場。我們需要從那裏流向英國、法國、德國和其他國家的每年四億美元的收入。當這些市場得到保障，我們的製造業將注入新的生命力，西部農民的產品也有了需求，罷工的理由和誘因及伴隨的各種罪惡也將消失。」[51] 然而，布萊恩絕不是一個就事論事的行政官員。他有着一種難能可貴的大視野和大思路，而且力圖用一種全域性的制度設計來實現目標。這一特點集中體現在他所力推的泛美體系上。早在 1881 年任加菲爾德政府的國務卿時，布萊恩就試圖召開泛美會議。1889 年 10 月，他終於如願以償地主持了第一

屆泛美會議，共 17 個拉美國家的代表出席。會上，布萊恩提出的主要議題涉及一系列的機制性安排，包括：建立關稅同盟；實行貨幣同盟，統一用銀幣進行貿易結算；設立專利權保障體系；建立解決美洲國家爭端的仲裁機構；等等。其中，布萊恩最看重關稅同盟和國際仲裁機構兩項，認為這些能夠比較長遠地促進美國「與所有美洲國家間的友好商業關係，極大增加美國的出口貿易」。[52] 可以說，這種事先通過一套完整的制度設計來規劃各利益方，並以此實現自身長遠利益的做法，在某種程度上開創了歷史先例，需要強大的實力基礎、精細的利益計算和戰略上的遠見三者結合起來才有可能成功。雖然布萊恩這套設計中主要的機制性安排基本上都沒能實現，[53] 但泛美會議卻第一次變成了現實，泛美主義也從此變成了美國主導下、越來越機制化的活動。以歷史的眼光來看，這恰恰是布萊恩所取得的最主要成果，也是美國第一次展現其用制度性設計來實現自身利益的偏好和能力。半個多世紀後，這種偏好與能力將成為美國霸權的主要特徵之一。

克利夫蘭政府

1893 年格羅弗‧克利夫蘭（Stephen Grover Cleveland）出任總統時，正值美國大規模經濟危機爆發，所以這屆政府的四年任期基本上就是在全力尋求出路中度過的，可謂壓力最集中，鬥爭也最激烈。也許正因為處於這種狀態，政府中主要人物的立場和思路格外清晰，使一些關鍵性觀點成為共識，又使共識成為政策。可以說，建立一個新型帝國最關鍵的政策方向，就是在這一時期確立下來的。

尤其值得一提的是，先後出任國務卿的格雷沙姆和奧爾尼

（Richard Olney）。這兩個政治人物對於美國經濟社會危機的認識，要比特納等知識分子深刻得多。他們都不認同危機來源於「邊疆關閉」的說法，認為危機是整個生產和消費體系出了問題，與第二次工業革命息息相關。奧爾尼是從全球資本主義體系的角度來看待美國所面臨的危機的。他在布朗大學的一次講演中就指出，危機的原因是「深層次的、由來已久的」，不僅美國，而是「整個文明世界的工人都處於騷動之中」。格雷沙姆也是從全球角度來審視美國危機，認為問題的根源在於節省勞動力的機器使資本獲得了前所未有的優勢，勞資之間的平衡被徹底打破，而解決勞工問題的關鍵是如何對勞資雙方的關係進行合理定位。他還與英國駐美大使龐斯富特（Julian Pauncefote）專門進行了探討，認為危機的主要原因是「節約勞動力的機器」，使「生產力的增長已經超過了世界的消費能力」。[54] 基於這種認識，他們也得出了基本一致的解決辦法，那就是全力開拓海外市場，為美國過剩的生產能力尋求出路。在當時，這種思路迅速成為工商界甚至整個美國社會的主流意見，大多數人都認為未來美國的工業將依賴海外市場，海外擴張是解決問題的關鍵出路。[55]

不過，通過海外貿易擴張來尋求出路又涉及兩個重要問題：一是貨幣，二是關稅。實際上，當時美國國內已經就這兩個問題開展了一段時間的爭論，而克利夫蘭政府的立場對爭論結果具有決定性影響。

在貨幣問題上，主要是金本位與銀本位之爭。當時美國有相當一部分人主張採取銀本位制度，因為白銀遠比黃金便宜，政府可以大幅度擴大貨幣發行量，從而造成債務貶值，使危機中的大量債務人擺脫困境。這些「自由銀幣論者」（free silver）還有一個

基本觀點，那就是只要加大貨幣供應量，那麼美國國內的購買力就會增加並消除生產過剩的危機，所以開拓海外市場並非特別重要。[56] 還有一些人則主張實行金銀雙本位制，[57] 表面上看這是一個「魚和熊掌兼得」的選擇，實際上其最終結果無疑會遵循「格雷欣法則」，即劣幣驅逐良幣，白銀最終還是會取代黃金成為貨幣發行的依據，所以本質上雙本位與銀本位並無差異。不過，當時美國政府在貨幣問題上還有一種較強的道德自律。[58] 更重要的是，總統克利夫蘭和其他內閣成員都非常堅定地認為，1893 年的危機是生產過剩而不是貨幣供應不足引起的，而美國要追求長遠的海外貿易擴張，則必須選擇一種更具有信用的貨幣本位 —— 金本位。克利夫蘭政府中「金甲蟲」（Goldbug，即強烈主張金本位的人）的主要代表之一財政部長約翰・卡萊爾（John G. Carlisle）在紐約商會的一次宴會講演中，非常清晰地闡明了貨幣信用與海外貿易的關係：「我們的商業利益不局限於我們自己國家，而是擴展到全球每一個地方……這些交易商品的價格都是由實行金本位國家的市場確定下來的。」[59] 他還告誡，大量鑄造銀幣在短期內可以減緩危機，但長遠來看只能破壞美國貨幣的信用，從而危害美國的海外貿易。1893 年，克利夫蘭政府部分廢除了《謝爾曼購銀法案》[60]，從而在1890 年哈里森總統否決自由鑄造銀幣提案後，進一步明確了美國在貨幣問題上的立場，向最後接受金本位制度邁進了一大步。

在關稅問題上，則是高關稅和低關稅之爭。實際上，哈里森政府就總體傾向於降低關稅，而克利夫蘭政府在關稅問題上更加激進，明確主張全面取消保護性高關稅政策。在發生嚴重經濟危機的時刻，這種主張顯得非同尋常。從其他國家，特別是歐洲大陸國家的做法來看，危機或衰退時期國家總是傾向於用高關稅來保護國內

市場。比如 1873 年德意志帝國陷入經濟衰退時，俾斯麥就採取了保護性關稅政策，並在國內形成了高關稅的既得利益者同盟——「鋼鐵與黑麥同盟」。而在克利夫蘭政府的主要人物看來，高關稅本身就是危機產生的一個重要因素，因為其阻礙了美國與其他國家之間的貿易。

國務卿格雷沙姆在這一點上的立場就非常鮮明。當時總體上共和黨贊成保護性關稅，而民主黨贊成低關稅。格雷沙姆原本是共和黨的重要人物，但由於堅信低關稅是解決美國危機的出路，最終在 1892 年總統大選時採取了被他自己稱為「政治自殺」的行動，即轉而支持民主黨候選人克利夫蘭。他認為「目前的局勢很大程度上是由我們的高關稅造成的……賓夕法尼亞州、俄亥俄州、印第安納州、伊利諾伊州及其以西部分地區所發生的事情，完全可以視為革命的徵兆」，而降低關稅則「將降低製成品的成本，使我國人民有能力在海外市場與英國展開競爭」。[61]

以總統克利夫蘭為首的「低關稅派」當然不是出於對自由貿易的信仰才作如此主張。在他們的基本觀點中，除了認為低關稅有助於擴展貿易，還包括了對一個重要事實的認知，那就是美國正在從一個農產品出口大國轉變為一個工業製成品出口大國，未來國家的力量在工業而不在農業。他們指出，一方面，美國超大規模的農產品出口難以持續，因為美國國內人口在增長而可開墾土地在減少，同時還將面臨來自俄國、阿根廷等國的農產品競爭；另一方面，美國的製造業發展異常迅速並出現了大量過剩，因而「長期來看美國將變成製成品的出口國而不是進口國」。[62] 在這種情況下，克利夫蘭政府主張降低關稅特別是原材料關稅，實際上就意味着準備犧牲同樣生產棉花、羊毛等原料的中西部農業人口，而去成

就紡織業等製造工業的大規模出口。換言之，就是犧牲農業來成就工業。

　　總的來看，從哈里森政府到克利夫蘭政府，美國對海外貿易擴張這一大方向的認識經歷了一個不斷深化的過程，反映出美國整個生產體系升級和轉型的要求。這種認識，或者說共識，是美國政府、思想界和工商界三方互動的結果，對美國在 1890 至 1900 年間的崛起與擴張提供了非常明確的指向，同時也為政策的波動提供了一種觀念上的約束。在 19 世紀的最後十年中，美國的政策方向一直沒有出現大的偏離，這種共識的作用應該最為關鍵，也最具基礎性。

註釋

1　轉引自楊生茂、劉緒貽主編:《美國內戰與鍍金時代 1861 — 19 世紀末》(北京:人民出版社,1990 年),頁 100。

2　Charles S. Campbell, *The Transformation of American Foreign Relations: 1865-1900* (New York: Harper & Row Publishers, 1976), pp.141-142.

3　〔英〕A. J. P. 泰勒著,沈蘇儒譯:《爭奪歐洲霸權的鬥爭 1848 — 1918》(北京:商務印書館,1987 年),頁 13。

4　Walter LaFeber, *The New Empire: An Interpretation of American Expansion 1860-1898* (Ithaca N.Y.: Cornell University Press, 1963), p.13.

5　Robert Bruce, *1877: Years of Violence* (Indianapolis: Bobbs-Merrill, 1959), p.312.

6　R. Hal Williams, *Years of Decision: American Politics in The 1890s* (New York: John Wiley & Sons, 1978), pp.76-77.

7　轉引自楊生茂、劉緒貽主編:《美國內戰與鍍金時代 1861 — 19 世紀末》,頁 189、243。

8　《恩格斯致弗里德里希‧阿道夫‧左爾格(1890 年 2 月 8 日)》,見《馬克思恩格斯全集》(北京:人民出版社,1971 年),卷 37,頁 349。

9　〔德〕馬克斯‧韋伯著,林榮遠譯:《經濟與社會》(北京:商務印書館,1998 年),下卷,頁 776。

10　Warren I. Cohen, ed., *The Cambridge History of American Foreign Relations* vol.2 (Cambridge: Cambridge University Press, 1993), p.104.

11　Ibid., pp.106-107.

12　John Higham, *Strangers in the Land: Patterns of American Nativism 1860-1925* (N.J.: New Brunswick, 1955), pp.31-32.

13　Richard Hofstadter, *The Paranoid Style in American Politics and Other Essays* (New York: Alfred A. Knopf, 1965), pp.145-187.

14　Lee Benson, "The Historical Background of Turner's Frontier Essay," *Agricultural History* 25.2 (Apr. 1951), p.65.

15　Martin Ridge, "The Life of an Idea: The Significance of Frederick Jackson

Turner's Frontier Thesis," *Montana: The Magazine of Western History* 41.1 (Winter, 1991), pp.5-7.

16　Frederick Jackson Turner, "The Significance of the Frontier in American History," in *The Significance of the Frontier in American History* (London: Penguin Books, 2008), p.1.

17　Ibid., p.2.

18　Frederick Jackson Turner, "The Significance of the Frontier in American History," p.4.

19　Ibid., pp.29-30.

20　Ibid., p.38.

21　Tiziano Bonazzi, "rederick Jackson Turner's Frontier Thesis and the Self-Consciousness of America," *Journal of American Studies* 27.2 (Aug. 1993), pp.149-171.

22　實際上，特納的「邊疆說」在 1930 年代就遭到了一些歷史學家系統的批駁，像 Benjamin F. Wright、George Wilson Pierson Jr.、Fred A. Shannon 等人就從歷史數據和事實分析出發，認為特納在兩個重要方面站不住腳：一是邊疆地帶對民主發展的促進作用並不大，而且這種作用並非美國所獨有；二是西部或邊疆地帶吸引的勞動力只佔全國勞動力的很小一部分，所以不可能起到所謂的社會「安全閥」作用。而另一些左派歷史學家，如 Louis M. Hacker 等人則譴責特納「偽造和想像」歷史，掩蓋工業革命和資本主義發展過程中各種危機的真正根源，故意抹殺階級鬥爭。見 Fred A. Shannon, "A Post-Mortem on the Labor-Safety-Valve Theory," *Agricultural History* 19.1(Jan. 1945), pp.31-37; George W. Pierson, "Recent Studies of Turner and the Frontier Doctrine," *The Mississippi Valley Historical Review* 34.3 (Dec. 1947), pp.453-458; George Rogers Taylor, ed., *The Turner Thesis: Concerning the Role of the Frontier in American History* (Boston: Heath, 1956); Ray Allen Billington, ed., *The Frontier Thesis: Valid Interpretation of American History?* (New York: Rinehart and Winston, 1966)。而像著名歷史學家理查德・霍夫施塔特

也認為，特納的「邊疆說」實際上是神化了美國的歷史，滿足了美國人的心理需求。見 Richard Hofstadter, *The Progressive Historians: Turner, Beard, Parrington* (New York: Vintage Books, 1970)。

23　Walter LaFeber, *The New Empire*, p.65.

24　Eltiy E. Morison, John M. Blum, et al, eds., *The Letters of Theodore Roosevelt* (Cambridge, Mass.: Harvard University Press, 1951), p.363.

25　Frederick Jackson Turner, "The Significance of the Frontier in American History," p.1.

26　Warren I. Cohen, ed., *The Cambridge History of American Foreign Relations* vol.2, pp.106-107.

27　國內外對馬漢的研究主要是從海上戰略、大戰略和地緣政治等角度進行的。馬漢最受關注的著作也是他「海權的影響」四部曲，即《海權對歷史的影響 1660—1783》（1890）、《海權對法國革命和法蘭西帝國的影響 1793—1812》（1892）、《納爾遜生平：大不列顛海權的體現》（1897）、《海權與 1812 年戰爭》（1905）。參見吳征宇：《地理政治學與大戰略》（北京：中國法制出版社，2012 年），頁 25—55。

28　Walter LaFeber, "A Note on the 'Mercantilistic Imperialism' of Alfred Thayer Mahan," *The Mississippi Valley Historical Review* 48.4 (Mar. 1962), p.678.

29　A. T. Mahan, "The Twentieth Century Outlook," in *The Interest of America in Sea Power, Present and Future* (Boston: Little, Brown, 1898), pp.220-222.

30　有學者甚至認為馬漢的理論體系實際上是以一種簡單化的亞當‧斯密學說為基礎的。見 Robert Love, *History of the U.S. Navy 1775-1941* vol.1 (Harrisburg, P.A.: Stackpole Books, 1992), p.369。

31　A. T. Mahan, *The Influence of Sea Power upon History, 1660-1783* (London: Sampson Low, Marston & Company, 1899), p.28.

32　Ibid., p.84.

33　A. T. Mahan, "The United States Looking Outward," pp.21-22.

34　Ibid., p.5.

35　A. T. Mahan, *The Influence of Sea Power upon History 1660-1783*, p.25.

36 馬漢在 1892 年 11 月 5 日給 B. Clark 的信件中明確表現了這種傾向。見 Walter LaFeber, *The New Empire*, p.91。

37 Peter Karsten, "The Nature of 'Influence': Roosevelt, Mahan and the Concept of Sea Power," *American Quarterly* 23.4 (Oct. 1971), p.589.

38 「天定命運說」本身就是一個概念模糊的混合物,與其說是一種主張或思想,不如說是一種情緒或情感。

39 A. T. Mahan, "The United States Looking Outward," p.18.

40 轉引自楊生茂、劉緒貽主編:《美國內戰與鍍金時代 1861—19 世紀末》,頁 356。

41 Richard Hofstadter, *Social Darwinism in American Thought 1860-1915* (Philadelphia: University of Pennsylvania Press, 1945), p.151.

42 該詞源自《馬太福音》中耶穌的山上寶訓部分,其中提到基督教徒應作為世上的「鹽和光」,將基督教比作建立在山巔的城市,其影響是旁人無法掩藏的。1630 年,約翰・溫思羅普(Puritan John Winthrop)在前往北美殖民地的「阿爾貝拉」號船上向清教徒殖民者佈道時,引用了這一稱謂,稱他們即將建立的國度將如同「山巔之城」,被世界所仰望。這一概念後來成為「美國例外論」的一個重要來源。

43 Ernest R. May, *American Imperialism: A Speculative Essay* (New York: Atheneum, 1968), p.193.

44 Josiah Strong, *Our Country: Its Possible Future and its Present Crisis* (New York: Bible House, Astor Place, 1885), p.1.

45 Josiah Strong, *The New Era* (New York: Baker and Taylor Company, 1893), p.80.

46 Josiah Strong, *Our Country*, pp.107-108.

47 Josiah Strong, *Expansion: Under New-World Conditions* (New York: Baker & Taylor Company, 1900), p.163, 204-205.

48 Walter LaFeber, *The New Empire*, p.85.

49 Ibid., pp.104-105.

50 Ibid., p.105, 106, 110.

51 Warren I. Cohen, ed., *The Cambridge History of American Foreign Relations* vol.2, p.77.

52 Julius W. Pratt, *A History of United States Foreign Policy* (Prentice-Hall Inc., Englewood Cliffs, 1980), p.157.

53 唯一的具體成果是在美國首都華盛頓設立了美洲共和國商務局，即後來的泛美聯盟。

54 Warren I. Cohen, ed., *The Cambridge History of American Foreign Relations* vol.2, pp.104-105.

55 但事實上與他們的估計並不一致，後來海外市場在高峰時期消費的美國產品也僅佔美國生產總量的 10% 左右。見 Julius. W. Pratt, *Expansionists of 1898: The Acquisition of Hawaii and the Spanish Islands* (Baltimore: Johns Hopkins Press, 1936), pp.252-253。

56 Charles S. Campbell, *The Transformation of American Foreign Relations*, p.143.

57 這一派中有一批權勢人物，包括金融巨頭 J. P. 摩根，參議員洛奇、布魯克斯‧亞當斯、托馬斯‧里德（Thomas B. Reed）等人。

58 有些歷史學家認為其中有宗教因素，因為克利夫蘭和前任總統哈里森都屬於新教長老會，教義上就反對濫用信貸和債務。見 Robert Kelley, *The Transatlantic Persuasion: The Liberal-Democratic Mind in the Age of Gladstone* (New York: Alfred A. Knopf, 1969), pp.316-317。

59 Walter LaFeber, *The New Empire*, p.155.

60 哈里森政府否決了「自由銀幣者」主張的放開銀幣鑄造，但作為妥協，同意了由參議院金融委員會主席、來自俄亥俄州的參議員約翰‧謝爾曼發起的該法案。這一法案增加了要求政府每月購入的白銀數量，從而增加市場上的美元數量並形成通脹，使債務人可以用更便宜的美元來償還債務。所以，該法案實際上就是變相地以白銀儲備為標準向市場投放貨幣。另外，由於政府的貨幣同樣可以兌換黃金，美元投放量的增加也造成政府黃金儲備的減少。

61 Warren I. Cohen, ed., *The Cambridge History of American Foreign Relations* vol.2, pp.104-105.

62   F. W. Taussig, "The Mckinley Tarriff," *The Economic Journal* 1.2 (Jun. 1891),
      pp.331-332.

第二章

關稅、海軍與外交

美國的政策往往不會很複雜，也不需要很複雜。

1890 年以後，美國推行海外擴張（尤其是貿易擴張）以擺脫危機的大方向逐步明確。它在具體政策上則表現為三條主線：一是降低關稅，二是加強海軍，三是外交政策的轉變。這三者將共同支撐一個新型的「無界帝國」。

改革關稅之戰

在三條主線中，降低關稅涉及國內利益最多，受到國內政治鬥爭的影響也最大，過程也最為曲折。

1890 年以後，雖然美國政府總體上傾向於降低關稅以擴大海外貿易（見第一章），但在哪些進口商品的關稅應該降、降多少等具體問題上，共和黨與民主黨之間存在尖銳的分歧。總體上看，共和黨更傾向於維持內戰後建立起來的保護性高關稅，只對部分商品的關稅進行調整，而民主黨則傾向於全面取消保護性關稅以推動自由貿易。這種分歧在很大程度上源於黨派分界，而不是對關稅問題本身的認識。當時一位著名人士就指出，美國絕大多數人「因為是共和黨人才贊成保護性關稅，而不是由於贊成保護性關稅才成為共和黨人」。[1] 從 1880 到 1890 年代，關稅問題實際上是當時美國國內政治競爭的一個焦點，任何新關稅法案的推出都會引起強烈反彈，並對發起法案的黨派和主導人物造成很大的負面影響。[2] 1890 年以後，涉及是否降低關稅的法律，包括兩個：1890 年的《麥金萊關稅法》和 1894 年的《威爾遜—戈爾曼關稅法》。

《麥金萊關稅法》：互惠型關稅

哈里森政府上台後，共和黨不僅控制了政府，也在國會參眾兩院佔據了多數。在這種情況下，共和黨開始力推自己的關稅政策。1890 年 10 月，國會通過了一項新的關稅法案。該法案因為正式報告由眾議院籌款委員會主席威廉‧麥金萊（William Mckinley）提出而得名，稱為《麥金萊關稅法》。

表面上看，《麥金萊關稅法》保持了高關稅的基本框架，許多重要產品的關稅略有升降，調整幅度普遍較小。然而，該法包含着一些重要變化，反映出共和黨在關稅問題上實際已經偏離了傳統意義上的保護主義路線，開始重視通過關稅杠杆來促進美國海外貿易擴張。

首先，不少工業原料按照美國製造業的出口需求而徵收不同的稅率。以棉花為例，1890 年關稅法案將進口棉花分為兩大類：一類是用於製造襯衣等普通成衣的廉價、低質棉花；另一類是用於生產繡品、服飾花邊的高質量棉花。其中，前一類棉花的關稅顯著下調，主要原因就是美國已經大量出口襯衣等中低端服裝，下調此類關稅將有利於降低出口成本，進一步發揮美國商品在海外市場的價格優勢。而對於後一類棉花，美國的出口企業基本沒有需求，因此課以重稅，並且採取了複雜的價值累進關稅，即價值越高課稅越重。[3] 由此可以明顯看出，《麥金萊關稅法》在推動美國製造業出口方面的考慮。

其次，該法創造性地提出了貿易互惠原則。這也是共和黨內部力主貿易擴張的政要，特別是國務卿布萊恩努力的結果。[4]《麥金萊關稅法》中的互惠條款規定，如果相關貿易夥伴國家降低美國商品，尤其是美國國內大量製造的廉價工業品和主要農產品的進口

稅，美國也將降低該國商品（主要是原材料）的進口稅，其中原料糖、糖蜜、咖啡、茶葉、皮革等五種商品的關稅將全免。但是，如果相應國家違反協定對美國商品增收關稅，美國總統將有權對該國向美國出口的商品重新課以重稅，其中對原料糖等五種免稅商品補徵的關稅約為 1890 年之前關稅的 1.5 倍。[5]

在上述兩個變化中，互惠貿易條款的影響尤其大。一些歷史學家認為，互惠體現了「20 世紀大部分時間裏美國貿易政策的一項核心原則」。[6] 美國不僅從中獲得了向其他國家市場傾銷商品的捷徑，而且獲得了保障這條捷徑的經濟槓桿。一旦有貿易夥伴國在互惠問題上有所動搖，美國總統往往只需要威脅採取報復性關稅就可以迫使其就範。到 1892 年時，美國已經與多個國家簽署了互惠條約，包括英國（適用於牙買加、英屬圭亞那等四個拉美和加勒比殖民地）、西班牙（適用於古巴和波多黎各）、巴西、尼加拉瓜、洪都拉斯、危地馬拉、薩爾瓦多等。[7] 從中可以看出，美國實施互惠貿易的目標指向非常明確，就是要佔領中南美洲和加勒比海地區的市場，促使拉美國家在經濟上疏遠歐洲並進入美國的戰略軌道。

另外，互惠貿易還產生了重要的國際政治後果。在 1890 年《麥金萊關稅法》的互惠條款中，原料糖免稅的影響範圍最廣，程度最深。西班牙與美國簽訂互惠條約後，古巴向美國原料糖出口完全免稅，造成古巴對美原料糖出口激增，總額從 1891 年的 5,400 萬美元上升到 1893 年的 7,900 萬美元，年增幅超過 20%。[8] 在巨大利益的驅動下，古巴的甘蔗種植等與原料糖出口相關的產業迅速擴張，基本成為古巴經濟唯一的支柱。這樣，古巴的形勢客觀上就完全受美國左右。美國鋼鐵大王安德魯・卡內基當時就指出，由於古巴幾乎所有階層都捲入了向美國出售原料糖的「喧囂」，該島將

很快為其宗主國西班牙帶來「嚴重的麻煩和危險」。[9] 事實正是如此。1894 年美國廢除貿易互惠條款後，古巴的經濟迅速崩潰並引發革命，最終導致了 1898 年的美西戰爭。受到古巴向美國免稅出口原料糖衝擊的另一個國家是夏威夷。夏威夷原先是美國原料糖的主要提供國，在《麥金萊關稅法》使古巴原糖大量進入美國後，甘蔗種植和相關產業受到嚴重打擊。夏威夷的種植園主本來就以鼓吹兼併夏威夷的美國人為主體，此時自然更加強烈地要求併入美國以享受免稅待遇。[10] 1893 年，這部分勢力發動叛亂並推翻了夏威夷女王，為美國的海外擴張提供了良好機遇。所以，無論是否刻意設計，1890 年的互惠貿易條款在為美國提供更多經濟權力的同時，客觀上還使其擁有了強大的政治槓桿。

《威爾遜—戈爾曼關稅法》：偏向自由貿易的關稅

不過在以民主黨人為主的低關稅派看來，《麥金萊關稅法》在關稅方面的調整力度遠遠不夠。1890 年 10 月《麥金萊關稅法》生效後，僅過了一個月共和黨就在國會選舉中遭到慘敗，要求進一步降低關稅的民主黨人在眾議院佔據了絕對優勢。到 1892 年總統大選時，一直強調自由貿易的民主黨候選人格羅弗·克利夫蘭又以較大優勢獲勝。在這種情況下，低關稅派就有條件在關稅問題上發起一場激進的改革。

從 1892 年起，兩黨再度就是否應大幅下調關稅展開了大論戰。共和黨堅持為《麥金萊關稅法》辯護，稱包含互惠條款的高關稅既能打開國外市場，又能保護美國不受國外廉價勞動力衝擊。然而民主黨人進行了激烈反駁，一些主要政客專門發表文章，強調只有低關稅才能幫助美國製造業更有效地在國外市場開展競爭，還稱

《麥金萊關稅法》是「虛假的互惠」。[11] 1893年經濟危機爆發後，克利夫蘭和多數民主黨人在降低關稅問題上更加激進，把降低關稅，特別是免除多數原材料的進口稅，作為擺脫危機、創造就業的重要途徑。在1893年底的總統年度諮文中，克利夫蘭明確宣佈，美國勞工階層的真正利益並不是在高關稅造成的「狹小市場」中尋求保護，而是通過低關稅提供更廉價的原材料和更廣闊的市場來確保充分就業。[12] 1894年初，民主黨推動低關稅的兩員大將 —— 眾議院民主黨領袖威廉·威爾遜（William L. Wilson）和民主黨參議員羅傑·米爾斯（Roger Q. Mills）再度發表文章進行宣傳造勢。除了繼續強調降低原材料關稅可以降低成本，從而加強美國產品在國際市場上的競爭力，這兩人還專門回應了國內市場可能受到衝擊的問題。威爾遜明確批駁了低關稅會導致國內市場丟失的說法，聲稱如果一個國家的工業可以打開其他國家的市場，那它一定能守住本國的市場。[13] 彌爾斯也指出，在面臨危機時公眾的第一想法往往是尋求保護，尤其是保護國內市場和勞工階層免受大量進口商品的衝擊，但真正的解決辦法是進攻，是「打開大門讓他們衝向每一個市場」。[14]

在論戰的同時，民主黨也迅速採取實際行動。1893年12月，民主黨控制的眾院籌款委員會向眾議院提交了《威爾遜—戈爾曼關稅法草案》。這一草案基本取消了互惠條款（因為低關稅派認為互惠條款本質上也屬於保護性關稅的一部分），僅僅將汽油列入互惠貿易範疇。與此同時，草案還將一大批製造業所需的原材料列入完全免稅範圍，其中包括煤、木材、鐵礦、原糖、棉花、羊毛、生絲、鹽、皮革等340個類別。在這種情況下，美國平均進口稅將下降18%。[15] 總體上看，這是一個相當激進的法案，體現出一種

強烈的進取意識，或者說是進攻意識。在眾議院圍繞該法案的辯論中，低關稅派同樣體現了這股衝勁。一位進步黨眾議員指出，「邊疆關閉」使美國正面臨危機，但幸運的是，美國此時的經濟實力已經超過了其他國家，因此「我們可以安全地拆除關稅壁壘並通過市場競爭向世界挑戰」。一位民主黨眾議員更是將低關稅上升到了意識形態的層面：「限制不是進步，自由才是進步，而自由貿易指出了美國人民實現天定命運的道路。」[16]

由於民主黨在眾議院佔有絕對多數，草案於 1894 年 2 月 1 日即獲眾議院通過，且基本未作改動。不過在參議院，民主黨的優勢就很小，整個關稅法案的批准過程摻雜了大量的黨派因素和特定利益集團之間的較量，進展非常緩慢。按照美國國會的工作程序，草案需先遞交給參議院金融委員會，結果這一步就遇到很大阻力，直到 3 月 20 日才交由參議院討論，參議院的最後通過更是遲至 7 月 3 日。更重要的是，草案在批准過程中被迫進行了大幅度修改，原先 340 項的免稅商品被砍得只剩下羊毛、原木和銅，多數商品的進口關稅被重新調高。其中，糖的進口關稅又一次作了大的調整。在眾議院遞交的草案中，原料糖屬於進口免稅商品，成品糖一磅（約 0.45 千克）徵稅四分之一美分，但在參議院的較量中，由於糖業巨頭們的公關工作和國家財政需求的考慮，最終的關稅法案規定原料糖需徵 40% 的關稅，實際上是 1890 年《麥金萊關稅法》之前稅率的 1.5 倍。[17] 面對這種結局，總統克利夫蘭自然非常憤怒，親自給眾議院籌款委員會主席威爾遜寫信，要求眾議院抵制參議院對法案的修改，但未能成功。最終，克利夫蘭作出讓步，同意修改後的關稅法案成為法律，但不在文件上簽字，以示不滿。

經過這樣一番變化，《威爾遜─戈爾曼關稅法》的改革意義

無疑大打折扣。當時就有專家指出，如果不是實現了羊毛進口免稅，那麼該法基本就沒有觸動整個保護性關稅體系。[18] 然而從歷史的角度來看，威爾遜本人稱該法為「一個實質性的開端」[19] 還是有道理的，《威爾遜—戈爾曼關稅法》仍然是美國向着撤銷保護性關稅方向邁出的重要一步。僅僅一年以後，美國的商品出口就出現了較大變化，例如羊毛進口免稅使美國羊毛製成品的國際競爭力大增，其 1895 年的出口總額比歷史最高紀錄都高出一倍多。與此同時，美國的整個出口貿易結構也在發生變化，《北美評論》上一篇題為〈潮流轉向〉的文章就指出，美國製造業的出口已經超過了傳統的農產品出口，工業產品將成為美國未來出口貿易的主要部分。[20] 面對這種發展趨勢，《威爾遜—戈爾曼關稅法》中所體現的理念顯得越來越順應潮流，美國在 1894 年以後對外貿易的持續增長更是證明了低關稅的價值。不過從當時到現在，美國從未真正地支持或實施過自由貿易。就這方面的信念和行為而言，美國與霸權時期的英國存在較大不同。

　　當然，美國的保護性關稅並不是馬上放棄的。從《麥金萊關稅法》中的互惠條款到《威爾遜—戈爾曼關稅法》，一系列降低關稅的努力慢慢形成了一種累積效應，逐步克服了高關稅帶來的思維慣性和既得利益集團的阻礙，為美國大量廉價商品衝向國際市場起到了「開閘泄洪」般的效果。到 1890 年代中期，美國海外貿易擴張的強大勢頭已經不可逆轉。

海軍擴建

海外貿易擴張往往會刺激海軍的發展。對美國來說，這一邏輯同樣適用，但其真正起作用，卻是在 1890 年以後。

1881—1889：海軍力量復蘇

從 1881 到 1889 年這段時間內，美國已經開始重新發展海軍力量，不過其主要動力並非來自海外利益拓展的需求，也不是為了應對某種現實威脅，而是因為海軍的狀況實在過於糟糕。南北戰爭結束後，美國海軍的發展在十幾年間基本處於停滯狀態。隨着老舊艦艇不斷退役，到 1880 年美國只剩下 48 艘軍艦，且基本已過時，維修費佔用了大量經費，其總體實力排在世界第 12 名，位於丹麥、中國和智利之後。在一些相對隱性的領域，比如人員隊伍建設方面，美國海軍同樣問題嚴重。1880 年以前，海軍基本沒有完整的教育訓練制度，現役軍官大多超齡服役，晉升極為緩慢。水兵則多數從外國招募。一位美國海軍艦長曾對其艦上的 128 名水兵進行調查，發現只有 47 名美國人，另有 21 名中國人、20 名愛爾蘭人和 9 名英國人，其他人則來自另外 22 個國家。[21] 這種狀況與美國國力的飛速發展形成鮮明的反差，最終刺激美國政府採取行動。

1881 年加菲爾德政府上台後，在威廉·亨特（William H. Hunt）和威廉·錢德勒（William Chandler）兩位海軍部長的推動下，美國的海軍建設開始邁出實質性步伐。1882 年，海軍情報部成立，同時國會又通過法案，規定舊戰艦的維修費不能超過建造新艦費用的 30%，從而在控制維修費用的同時加速了老舊戰艦的淘汰速度。1883 年，美國開始建造「ABCD」四艘裝甲艦，[22] 後來

組成所謂的「白色分艦隊」。次年，美國海軍戰爭學院在紐波特一間廢棄的濟貧院成立，使美國海軍逐步擁有了完整的教育訓練體系，並促進了對海軍戰略戰術的系統研究。1885 年克利夫蘭政府上台後，來自紐約的銀行家威廉‧惠特尼（William C. Whitney）擔任海軍部長，美國海軍建設的步伐邁得更大。在克利夫蘭這一任期內，美國總共建造各類艦艇 30 艘，總噸位約十萬噸，其中包括兩艘二級「海岸主力艦」，即「得克薩斯」號（6,315 噸）和「緬因」號（6,650 噸）。[23] 此外，國會還通過法律，規定海軍造艦隻能使用本國生產的鋼鐵，並將維修費佔比下調至原造價的 20%，進一步加快了舊戰艦的淘汰速度。這樣，美國的海軍建設開始初步展現出一種全新的局面。

不過，1881 至 1889 年美國海軍力量的重新發展存在很多問題。

從動力上看，它不是出於利益需求或是威脅判斷，而是被海軍糟糕的現狀刺激出來的直覺反應，或者說是一種「和大國地位不相稱」的模糊感覺。作為重建海軍的主要鼓吹者之一，民主黨參議員塞繆爾‧馬克西（Samuel B. Maxey）就一再強調「哪個沒有強大海軍的國家能成為一流強國」，美國用這種邏輯來決定發展某種戰略能力無疑有悖於大戰略的原則，也不可能給美國海軍的發展提供甚麼明確方向。

從技術上看，這一時期屬於混合期，海軍中既有先進的蒸汽動力的鋼製戰艦，也有風帆動力的戰艦，還有一些戰艦則是風帆與蒸汽動力混用。最後一艘風帆與蒸汽動力混用的巡洋艦「紐沃特」號於 1885 年開始建造。這種狀況自然影響到美國海軍擴建的效果。在這一時期，美國新建的主要戰艦在設計和建造方面都存在

較多不足，像克利夫蘭政府時期建造的「得克薩斯」號和「緬因」號海岸主力艦雖然被冠以「主力艦」的名字，但實際上其火力和航行距離都比較有限，並不能作為遠洋決戰的主力艦使用，其中「緬因」號的不足尤其明顯，其排水量雖然將近 7,000 噸，但只裝備四門 25.4 厘米（10 英吋）主炮，且航距較短，不能用於遠洋作戰。[24] 而且性能也不是很穩定。

美國的海軍「軍工複合體」剛剛形成，軍工關係的制度化保障很差，合同競標、質量監察等環節存在嚴重漏洞。以錢德勒任海軍部長時期建造的「ABCD」四艘軍艦為例，當時競標成功的鋼鐵與造船巨頭約翰・羅奇（John Roach）就是共和黨的長期資助人，也是海軍部長錢德勒的政治夥伴，項目的中標過程在當時就飽受質疑。結果，造艦過程頻頻出現問題，第一艘艦就延期完工，下水後又無法通過航海測試，最終民主黨政府上台後對該案進行徹查並撤銷了原有合同，羅奇也因此宣告破產。

現役海軍實力依舊偏弱。1881 至 1889 年的海軍復蘇是有限的，由於造艦週期偏長，舊艦淘汰速度加快，美國海軍的現役艦艇的數量在這一階段還有所下降，整體實力並沒有得到有效改觀。比較突出的例子，就是 1889 年美、英、德三國為爭奪薩摩亞群島而派出軍艦對峙。結果，美國三艘木質巡洋艦在一場颶風襲擊中全部沉沒，導致整個太平洋分艦隊幾乎再無軍艦可派。

1890—1893：向海洋國家海軍轉型

美國海軍發展真正的、里程碑式的年份是 1890 年。從這一年開始，美國的海軍擴建就不僅僅是量的擴張，而是一種質的轉變。簡單地說，由於指導思想、戰略戰術和力量構成等方面的一系

列變化，美國海軍開始從一個陸地大國海軍向海洋大國海軍轉型。

1890 年馬漢出版《海權對歷史的影響 1660─1783》一書，回答了美國海軍建設的三個關鍵性問題，使美國人對海軍的認知逐步向海洋國家靠攏。第一，海軍不是陸地防禦力量向海洋方向的擴展，其主要的戰略作用應是控制海洋這片「寬闊的公共地」，而非防禦敵對海軍對美國海岸的襲擊和封鎖；第二，要實現對海洋的控制，必須通過海軍主力之間的交戰，而不是對敵方海上交通線的襲擊；第三，要贏得這種艦隊在遠洋的決戰，必須依靠主力艦，而不是巡洋艦或魚雷艇。另外，馬漢還非常明確地把海外貿易和海軍聯繫起來，尤其警告一旦中美洲的地峽運河開通，美國與拉美的海上貿易就可能面臨某個歐洲海上強國的威脅，因此按美國海軍當時的實力，運河的開通「從軍事角度而言，對美國只能是一場災難」。[25] 隨着馬漢的思想迅速被決策層接受，美國海軍的發展就不再像以往那樣僅靠直覺驅動，也不再是被一種模模糊糊的「大國地位」所激勵起來的本能行為，而是根據需求和潛在威脅判斷作出的戰略決策，整個海軍發展的方向和目標也越來越明晰。

1890 年的另一個標誌性事件是新海軍法案的通過，其中發揮核心作用的是哈里森政府的海軍部長本傑明‧特雷西。他是一個有戰略頭腦的政府官員，對馬漢十分賞識，力推馬漢兩度出任海軍戰爭學院院長。特雷西本人並沒有完全擺脫傳統的陸權國家觀念，還是將海軍的第一要務視為保護美國漫長的海岸線，不過他同時也非常重視以主力艦為核心的遠洋海軍建設。在 1889 年上任後的第一份年度報告中，特雷西指出，美國海軍的目標是「防禦」，但「即使要成功地實施一場防禦性戰爭，我們也必須擁有裝甲主力艦……我們必須有能力威脅敵人自己的海岸，從而將敵人的兵力從我們的海

岸引開」。[26] 他又用同樣的邏輯，駁斥了依靠巡洋艦破壞敵方海上交通線的傳統戰略：「俘獲或摧毀敵方兩三打甚至 40 艘或 60 艘商船，也不能防止敵人的裝甲艦隊炮轟我們的城市。」[27] 在他的大力推動下，美國國會於 1890 年通過了新的海軍法案，決定建造三艘「印第安納」級主力艦（「印第安納」號、「馬薩諸塞」號和「俄勒岡」號），排水量達 10,288 噸，裝備四門 13 英吋（約 33 厘米）主炮、八門 8 英吋（約 20.3 厘米）和四門 6 英吋（約 15.2 厘米）大炮，裝甲厚度為 18 英吋（約 45.7 厘米）。這是美國在內戰以後第一次按照歐洲海軍強國的標準來建造主力艦，標誌着「藍水海軍」的起步。[28]

從美國政府的角度來說，1890 年海軍法是關鍵一步，但畢竟只是一個開端。海軍部長特雷西堅持認為，即使該法授權的所有艦艇都建成，美國在對付一個強國海軍時還是沒有任何勝算，因為美國海岸線太長，沿岸城市和港口又都比較脆弱，必須建造更多的主力艦才能實現有效保護。為此，他的長遠目標是建成兩支大型艦隊 —— 大西洋艦隊和太平洋艦隊，前者擁有主力艦 12 艘，後者擁有八艘，並擁有 60 艘巡洋艦和大量輔助艦隻。[29] 與此相應，美國海軍的戰略戰術也越來越強調通過遠洋交戰奪取制海權。在 1892 年的海軍部長年度報告中，特雷西幾乎通篇都在對破壞海上交通線的傳統海軍戰略進行批判，其中還列舉了兩大技術性理由：（一）部分最新的遠洋商船的航速已經接近甚至超過了美國海軍艦艇；（二）蒸汽動力的巡洋艦必須不斷補充煤，而美國缺乏海外加煤站，因此無法實施大範圍的破交戰。[30] 同年，美國國會又授權建造「依阿華」號主力艦，其設計和性能比「印第安納」級主力艦略有改進。可以說，在特雷西當海軍部長的四年任期內，美國

海軍基本確立了以主力艦為核心的發展思路，其着眼點已經逐步轉向爭奪遠洋制海權。

1893—1897：轉型的繼續

1893 年克利夫蘭政府上台後，海軍建設繼續沿着這一方向發展，向海洋大國海軍轉型的線索清晰可見。這一點在相當程度上仍需歸功於馬漢的影響。克利夫蘭政府的海軍部長希拉里‧赫伯特曾任眾議院海軍事務委員會主席達六年之久。他一直支持建造巡洋艦而反對建造主力艦，並且不贊成美國大力發展海軍。直到 1892年，赫伯特作為海軍事務委員會主席，還要求國會將海軍開支在前一年的基礎上削減 350 萬美元。但是，在閱讀馬漢的著作和論文，特別是與馬漢進行通信交流以後，赫伯特的觀點開始發生轉變。他出任海軍部長一職不久就在信中向馬漢保證，海軍部將推行「主力艦政策」。在作為海軍部長的第一份年度報告中，赫伯特更是引用了馬漢關於美國海軍需要主力艦的論述，提出「至少增加一艘主力艦和六艘魚雷艇」，要求國會在財政狀況已經惡化的情況下堅持增加海軍開支 300 萬美元，次年又進一步要求增加三艘主力艦和十到 12 艘魚雷艇。他的這種轉變很快得到了總統克利夫蘭的支持。應該說，克利夫蘭本人總體上是支持發展海軍的，只是在 1893 年經濟危機爆發後，他認為再造新艦可能加重財政負擔。但是到了1894 年，他的態度也發生了變化，其年度諮文就宣稱「我們當然應增加主力艦和魚雷艇的數量」。[31]

經過克利夫蘭政府四年的努力，美國海軍的發展取得了比較明顯的成就。在理念層面，美國進一步擺脫了原有的陸地大國思維模式，不再將海軍看作陸地防禦向海洋方向的延伸。海軍部長赫伯

特一方面淡化海軍的海岸防禦功能，另一方面又高度關注海軍在保護海上貿易和影響對外政策方面的作用。在上任後的第一份海軍部長年度報告中，他就指出美國「必須使海軍處於並保持有效的狀態，以便為政府採取的任何政策提供力量支持」。[32] 此後，他在幾乎每年的報告中都強調這一點。這種理念的變化也體現在海軍的戰略戰術運用上，依靠巡洋艦破壞敵方海上交通線的傳統戰法被徹底摒棄了，原來裝甲巡洋艦的建造計劃也被中止。[33] 這樣，美國海軍建設的視角就進一步由原來的「從陸地看海洋」轉變為「從海洋看海洋」，即立足於海洋本身的角度來審視海軍的建設與應用。美國海軍由陸地大國向海洋大國轉型的路線得到了進一步確立。

在海軍力量建設方面，克利夫蘭政府不顧嚴重的經濟危機，依然堅持推動以主力艦為核心內容的海軍擴建，分別於 1894 年、1895 年和 1896 年連續推出海軍法案。除 1894 年法案由於經濟危機正值高峰期而未被國會批准外，其他兩年的海軍法案均順利通過。其中 1895 年法授權建造「肯塔基」號、「凱俄薩吉」[34] 號兩艘主力艦，及六艘炮艇和三艘魚雷艇，1896 年又授權建造「亞拉巴馬」號、「伊利諾伊」號、「威斯康星」號三艘主力艦，及十艘魚雷艇。這五艘主力艦排水量均為 11,500 噸，四門 13 英吋（約 33 厘米）的主炮，總體性能與設計和 1890 年建造的「印第安納」級主力艦類似，仍然屬於「執行遠洋任務的海岸主力艦」。[35]

在一些相對隱性的領域，美國海軍的狀況也有了很大改進。在人事問題上，海軍推行退休制度和晉升考核制度，加速了軍官隊伍的淘汰與重組，同時美國人在整個海軍人員構成中的比例也迅速上升。1896 年美國海軍中的本國人數量開始超過外國人。[36] 在制定作戰條令和作戰計劃方面，美國海軍也進一步走向制度化。

應海軍部長赫伯特的要求，海軍戰爭學院開始每年為美國海軍的分艦隊準備兵棋推演，通過戰爭模擬來測試海軍的戰略、戰術和新技術運用。這就使得美國海軍走上了一條可檢驗、可評估的道路，大大減少了決策的隨意性，對長遠發展有着非常重要的意義。同時它也間接地加強了海軍參謀機關在擬定作戰條令、作戰計劃方面的能力，提高了海軍的整體效能。另外，軍艦的設計和建造過程受到更嚴格的監督，管理模式也有所改進。隨着 1886 年通過艦艇使用的鋼鐵必須由本國生產的法案後，美國的兩大鋼鐵企業——卡內基鋼鐵公司和伯利恒鋼鐵公司實際上瓜分了海軍所有的合同，「軍工混合體」已經形成。為了避免以往軍艦建造過程中的腐敗和混亂，美國海軍部加強了在鋼鐵企業中的軍械檢驗制度，一定程度上規範了軍工關係，也相對保證了軍艦的質量。[37]

總體上看，經過哈里森和克利夫蘭兩屆政府，美國海軍實力有了質的飛躍，並初步實現了從陸地大國海軍向海洋大國海軍的轉型。1897 年麥金萊政府上台後，海軍部長約翰·朗（John D. Long）在其第一份年度報告中宣稱，最近幾年美國海軍力量增加了一倍，且「在實力、速度、質量，以及進攻和防禦能力方面均追求最優」，所以近期內海軍建設的重點將不再是擴張實力，而是集中精力鞏固已有的力量。[38] 至此，美國海軍擴建暫告一段落。

海軍擴建的影響

福爾摩斯探案中曾經提到，有人進來狗卻沒有叫是真正奇特之處。在分析美國海軍擴建的影響上，這一邏輯也完全適用。美國海軍擴建過程中最奇特、最有意思的一點，就是美國海軍的迅速擴張並沒有在外部世界產生多少影響，特別是沒有引起歐洲列強的反

彈。用美國人自己的話說，就是沒有被拖入歐洲的「勢力均衡體系」，而這一點恰恰是美國國會部分議員最為擔心的，也是他們最初反對建造主力艦的一項重要理由。尤其奇怪的是，當時擁有海上霸權的英國並沒有因此將美國視為潛在的挑戰者。從英國海軍部和外交部的檔案可以看出，美國海軍近 20 年的擴張甚至沒有引起英國足夠的重視。這在國際關係領域相當於違反了牛頓定律。相形之下，德國海軍在擴建的第三年就被英國海軍情報部鎖定為潛在敵手，到第五年被海軍部確定為主要對手，到第七年時英國第一海務大臣費舍爾已經開始考慮對其實施「先發制人」的打擊。[39]

毫無疑問，美國優越的地理位置、強大的實力、英美共同文化淵源是造成這種奇特現象的主要原因，但美國在海軍擴建過程中的戰略選擇也非常值得琢磨。不論是否有意，美國的海軍擴建一開始就不是針對英國海上霸權的，甚至可以說美國從未認真考慮過和英國進行一場海上較量。一些國會議員雖然叫嚷「美國艦隊應該主宰大西洋西部和太平洋東部」，[40] 但在實際部署上，美國海軍在大西洋方向完全處於防禦態勢，其戰略構想以默認英國皇家海軍對大西洋的控制為前提。這一點是與德國 1897 年以後海軍擴建最大的區別，後者的矛頭恰恰明確指向英國。

而在太平洋、加勒比海和拉美方向，美國海軍則是積極行動。這一點在太平洋方向尤為突出，美國助理海軍部長威廉·麥卡杜（William McAdoo）甚至告稱，「太平洋地區對美國海軍艦艇的需求量是如此之大，以至於我們幾乎可以把全部艦隊都用在這片海域」。[41] 事實上，這些地區正是美國貿易擴張的重點方向，而從英國的角度來看，其價值卻遠遠比不上大西洋、直布羅陀、地中海、北海等戰略要地。這樣一來，美國海軍與英國皇家海軍某

種程度上就實現了各自戰略重點的錯開。而且，即使在美國重點關注的這些地區，其假想敵也不是皇家海軍，而是法德等歐洲二流海軍，在 1897 年夏威夷事件後又增加了日本海軍。[42] 另外，美國海軍本身的行動又比較分散，主要任務就是派一兩艘軍艦去拉美國家沿海實施「炮艇外交」。可以說，除了 1897 年與日本海軍在夏威夷海域的對峙外，美國海軍在美西戰爭以前就沒有甚麼像樣的部署行動，從而進一步降低了美英海軍出現對峙的可能性。總的來看，在對待英國的問題上，美國的海軍政策要比外交政策謹慎得多，對英國的海上霸權處處體現出一種有意無意的避讓。這也許是美國海軍擴張沒有引起英國反應的戰術性原因。

海軍擴建的另一個影響，則與美國自身的外交政策有關。一般而言，海軍與外交之間是這樣一種關係，即海軍是外交的手段，外交對海軍提出需求。美國幾任海軍部長也都強調這一點。但事實上，美國海軍的擴建卻反過來對外交提出需求。隨着美國海軍普遍採用蒸汽動力並發展主力艦，海外加煤站就成為支撐海軍遠航能力的關鍵，獲得海外基地越來越成為美國外交的一項重要任務。於是，手段的發展開始要求目標本身進行調整。在實際操作中，美國海軍部從 1880 年代開始就不斷向國務院施加壓力，要求獲得一些重要的海外戰略性基地，尤其是薩摩亞的帕哥帕哥和夏威夷的珍珠港。在哈里森政府時期，海軍部長特雷西與國務卿布萊恩之間還為此發生了比較激烈的衝突。特雷西先後要求攫取海地、多米尼加等多處海軍基地，而布萊恩則堅持美國應在拉美和加勒比地區採取「睦鄰」政策，否決了特雷西的全部提議。[43] 不過，在與政策需求之間的角力中，技術需求往往最終會佔上風。隨着美國海軍擴建的力度不斷上升，它所產生的需求也越來越難以拒絕。國務院

一方面抵制海軍部在加勒比地區的要求，另一方面也將獲得海外基地作為其太平洋地區外交政策的一個核心內容。

這種海軍政策與外交政策的互動，無疑進一步強化了美國「要點式擴張」的政策偏好。更多人開始意識到，美國只需保持「要點式」分佈的海外基地和一支強大海軍，就可以有效地保護海外貿易利益並發揮影響，同時還不需要承擔佔領大片外國土地所帶來的財政與政治負擔。這種思維模式甚至為美國陸軍所接受，曾任美國陸軍總司令的約翰·斯科菲爾德（John Schofield）在 1897 年時就指出，對美國這樣的國家來說，「海軍是國家武裝力量的進攻之臂」，而「為了這一目的，我們必須擁有完全的行動自由……這樣就提出了陸地防禦最重要的功能：為這一進攻之臂提供安全的行動基地……征服並永久性地佔領外國不是這個國家的政策」。[44] 這已經是一種比較典型的海洋大國思維了，同時也是從軍事戰略角度對海外貿易擴張這一主線的再次確認。

外交的延續與變化：拉美和太平洋

論及 19 世紀最後十年的美國外交時，不少美國歷史學家比較偏愛「轉型」一詞。但實際上，美國這一時期的外交政策更多是一種延續：其重點方向依然是拉美和太平洋，其方式依然是軍事與外交結合，其過程也依然受到國內兩黨鬥爭的深刻影響。不過，從 1890 年開始，美國外交確實出現了一些新的特徵。這些特徵及其背後所發生的變化，使美國更有能力應對大大擴展了的海外事務，為新帝國的建立創造了必要的條件。

制度性改革與外交新特徵

　　無論在大陸擴張還是在海外擴張方面，美國的外交記錄一直不錯。但這掩蓋不了其中的一些重大弊端。其中，國會在外交決策過程中長期擁有巨大的權力，因此兩黨的政治鬥爭往往對外交政策產生非常直接的衝擊，造成政策的搖擺和低效。另外，美國外交機構在國內政治結構中長期處於弱勢地位，其規模和專業化程度都比較低。而在美國平民主義色彩濃厚的文化氛圍裏，人們又傾向於把外交官看成是歐洲君主制的殘餘，是一種「奢侈品」。因此，外交機構的建設長期處於被忽視狀態，改革步伐落後於美國整個文官制度的改革。[45]

　　即便如此，美國的外交機構在 1890 年代還是發生了一些重要變化。在人事制度方面，美國改進了晉升制度，擴大了國務院和駐外使領館的編制，增加了工作層的官員人數（尤其是增加使領館的一秘和二秘職位），使得美國開始擁有一支穩定的外交隊伍。更重要的是，以總統為代表的行政部門的權力不斷增加，外交的決策權開始集中到行政部門手中，國務院的地位有了較大的改善。在這種情況下，美國外交政策可以相對較少地受到國內政治鬥爭的衝擊，有助於保持政策的穩定性。

　　政府對各種外交事務的統一管理和控制能力也有了明顯提高。在一些歷史學家看來，這是進入 1890 年代以後美國外交政策的一個重要轉變。以美國對華政策為例，1895 年以前美國在華的外交官、傳教士和商人完全處於各自為政的狀態，而且基本上不理睬政府的指令。很多美國人將經濟領域對「自由放任」的推崇移植到了對外政策領域，認為不受約束的個人奮鬥才是促進國家利益的最佳方式。但到 1890 年代下半期，政府的外交部門逐步加強了各

方面的協調與管理，在華事務的主動權和主導權開始從個人和民間團體轉移到政府手中，甚至原先自主性極大的傳教活動也不例外。這種權力和能力的增長，對美國來說是非常必要的。可以認為，如果外交機構沒有出現這一系列的改革，那麼美國將難以應對由迅速擴張帶來的巨量的海外事務，更不可能制定並執行有效的、統籌全域的外交政策。

美國外交機構的工作風格也發生了較大變化。在保護和促進海外經濟利益方面，美國的國務院和海外機構變得更加積極主動。1889 年，美國農業部長還不得不懇請國務院「多多費心」，讓駐外使節協助為美國農產品尋找新的海外市場。到 1897 年時，美國國務院則非常主動地指示各駐外使領館幫助「擴大美國製成品的銷售」。[46] 如果說，美國與歐洲國家，特別是歐洲大陸國家的外交本來就有一種更注重權力和更注重財富的區別，那麼到了 1890 年以後，這種區別更加突出。美國外交開始越來越有意識、越來越直接地為財富服務，為海外貿易擴張服務。

太平洋方向的外交：夏威夷事件與兼併問題

在整個 19 世紀，美國在這一方向的外交一直都是富於進攻性的，對獲取太平洋上可能充當海軍基地的港口更是堅決。這一特點在 1880 年代與英德兩國爭奪薩摩亞時體現得尤其明顯。1890 年後，美國在這一方向的外交重點則是夏威夷群島。

美國對夏威夷的滲透由來已久。早在 19 世紀初，美國傳教士就來到夏威夷，並成功地使當地統治者皈依基督教新教。與此同時，這些傳教士又促成了一系列資本主義性質的法律，使當地社會發生劇變，自己也從中獲得了巨大利益：到 1850 年代，16 位公理

會傳教士平均每人擁有 493 英畝（約 200 公頃）的土地。這些傳教士的所作所為無疑是非常糟糕的，連美國駐夏威夷的領事都稱他們為「當地社會的吸血鬼」。[47] 不過，正是由於這些傳教士和接踵而來的美國商人，美國人對夏威夷的控制迅速提升。1876 年，美國政府又與夏威夷政府簽訂了互惠貿易協定。這一協定有着深遠的政治考慮，按國務卿漢密爾頓·菲什（Hamilton Fish）的說法，就是要搶在英國人和加拿大人之前控制住這一群島。而參議院外交關係委員會的報告則說得更加明確：該貿易協定就是要讓夏威夷「在工業上和貿易上成為美國的一部分」，並防止「任何其他大國在此立足」。[48] 後來，夏威夷的情況基本上按照這一設想發展。貿易協定簽訂僅過了四年，夏威夷的甘蔗種植園就增加了兩倍，十年以後，糖的年產量和年產值增加了五倍多。其中，美國人佔有了夏威夷全部糖業資產的三分之二，而糖業出口也基本上 100% 面向美國市場。[49] 夏威夷對美國市場的依賴從 1891 年的數據中可窺一斑：1891 年夏威夷向美國出口糖 2.74 億磅（約 1.2 億千克），向其他國家出口 285 磅（約 129 千克）。此時，夏威夷在經濟上已經完全成為美國的附屬。在戰略上，美國於 1886 年從夏威夷政府手中攫取了單獨使用珍珠港的權利，不僅在太平洋的中心位置擁有了一個重要的戰略性基地，而且進一步加強了對夏威夷群島的控制。可以說，夏威夷已經成為美國的囊中之物。

到 1890 年，夏威夷經濟對美國的畸形依賴突然被打斷。《麥金萊關稅法》中的互惠貿易條款給予古巴原糖進口免稅的待遇，迅速使古巴取代夏威夷成為美國主要的原糖進口地。夏威夷的經濟一下子出現了巨大危機，當地的甘蔗種植園主本來就是主張兼併的美國人，受到經濟打擊後更是變本加厲地推動夏威夷併入美國。與此

同時，剛上台不久的夏威夷女王利留卡拉尼（Queen Liliuokalani）具有很強的主權意識，力圖擺脫美國的控制，雙方矛盾激化。1893年1月，在美國巡洋艦「波士頓」號的支持下，夏威夷的美國人發動叛亂推翻了女王。1月17日，叛亂者成立臨時政府，立即得到美國的承認，三天後得到在夏威夷的所有外交使節的承認。與此同時，臨時政府又派員乘船前往華盛頓正式商討併入美國的事宜。看到成功來得如此容易，作為叛亂主要謀劃者和策動者的美國公使約翰·斯蒂文斯（John L. Stevens）有點過於激動，還沒有徵得國務院同意就宣佈夏威夷為美國的保護國。在給國務卿約翰·福斯特（John W. Foster）的信中，他也難以抑制興奮之情：「夏威夷這個梨完全成熟了，現在是美國採摘它的黃金時機。」結果，福斯特稱其處置不妥，取消了將夏威夷作為保護國的做法。[50]

在美國國內，主張兼併夏威夷的人同樣熱情高漲，尤其是新教的傳教士團體。在他們看來，美國對夏威夷的控制和兼併主要是傳教士打下的基礎，跨教派的紐約《獨立報》就宣稱，美國海外傳教士委員會「在兩代人之前就從宗教上兼併了」夏威夷群島（事實上叛亂者中確有不少是早期傳教士的後代），而既然「成熟的蘋果落到我們手裏，扔掉它是非常愚蠢的……獲得夏威夷將（使我們）掌握太平洋上的航線……將使我們對所有太平洋上的島嶼擁有主宰性的影響」。另外，部分商人也在積極推動兼併，代表人物就是在夏威夷擁有最大甘蔗種植園的美國糖業—航運業巨頭克勞斯·斯普雷克爾斯（Clause Spreckels），還有以舊金山為中心的西海岸商人團體。在他們的影響下，美國國內輿論很快開始擁護兼併。歷史學家歐內斯特·梅發現，在1月份時，一些美國報紙還要遮遮掩掩地拿英國可能奪佔夏威夷作為理由，到2月份時就完全放開地大

談兼併的好處了。[51] 還需要指出的是，所謂英國可能想攫取夏威夷群島是有違當時事實的，只是被美國主張兼併的人用來增強說服力而已，比如據 2 月 4 日美國駐英公使交給國務院的英國剪報顯示，幾乎所有英國報紙（《每日電訊報》除外）都默許美國這一不可避免的兼併，但有關官員忽略所有這類評論，單單將《每日電訊報》的評論摘出且標以兩道紅線以供國務院參閱。

然而，美國政府內部的情況卻有所不同。首先，兼併領土需要複雜冗長的法律程序，而總統哈里森在大選中已經輸給了民主黨候選人克利夫蘭，在任時間屈指可數，很難在該問題上取得實質性進展。其次，哈里森本人對這樣一場突如其來的叛亂也缺乏心理準備，因而在兼併問題上一開始也是猶豫的，想先看一下這場叛亂在夏威夷當地是否得到擁護。[52] 不過，在國務卿福斯特等人的大力推動下，他最後還是在 2 月 15 日向國會提交了兼併條約草案。但是，還沒等國會就此開展充分辯論，3 月 4 日宣誓就職的新總統克利夫蘭已經將條約草案撤了回來，稱美國應該「停下來，看一看，想一想」。實際上，此時克利夫蘭心裏已經有了明確的傾向，那就是不贊成兼併。而其內閣中的要員、國務卿格雷沙姆更是持堅定的反對立場，上任不久就向俄國駐美公使表示「不會有旨在攫取外國領土的原則和政策」。[53]

很快，克利夫蘭採取了行動，委派曾任眾議院外交事務委員會主席的詹姆斯·布朗特（James Blount）赴夏威夷進行調查，核心任務就是評估美國這次兼併是否「道德」。在布朗特抵達夏威夷之前，積極推動叛亂和兼併的美國公使斯蒂文斯已經被迫辭職，布朗特本人被任命為新公使。他到達火奴魯魯後，馬上下令將懸掛在夏威夷政府大樓上的美國國旗取下，並命令正在「維持秩序」的

美國海軍陸戰隊員回到「波士頓」號巡洋艦。經過一番調查，他於 7 月基本完成了報告，嚴厲批評美國公使斯蒂文斯在叛亂中的作用，指出如果不是因為美國海軍「不公正」地支援叛亂者，女王不會被推翻，而且當地人普遍反對這一叛亂，反對併入美國。根據這份報告，克利夫蘭政府就可以給 1893 年夏威夷事件定性為「不道德」，而相應的措施主要有兩條：一是放棄兼併，二是作出道歉並勸說夏威夷臨時政府恢復女王王位（國務卿格雷沙姆最初起草的聲明則是糾正錯誤並恢復女王王位）。這兩項措施自然引起了兼併主義者的強烈反對，夏威夷的臨時政府也拒絕服從。在這種情況下，克利夫蘭無意強為。作為一名政治老手，他於 1893 年 12 月 18 日向國會遞交了布朗特的長報告，在明確否定了兼併方案後，還要求國會對此事「想出辦法」。這樣就把球踢給了民主黨佔優勢的國會，形成了一場跨年度的大辯論。

最終，民主黨佔絕對多數的眾議院行動較快，[54] 於 1894 年 2 月 7 日通過決議，反對兼併夏威夷，譴責前駐夏威夷公使斯蒂文斯並宣佈不干涉別國內政的原則。而參議院的行動則分兩步走。2 月 26 日，參議院外交關係委員會發表報告，一方面免除了對斯蒂文斯的指責，另一方面也對總統未經參議院同意就派全權特使一事不持異議，而這一點恰恰是共和黨攻擊克利夫蘭的地方。這樣兩黨就形成了某種妥協與平衡。到 5 月 31 日，參議院以 55 票對 0 票正式通過決議，表示夏威夷應自己選擇政府，美國不加干涉。[55] 這樣，美國兼併夏威夷一事暫時被擱置，而叛亂者的臨時政府也得到了保留，夏威夷因此處於一種「地位未定」的狀態。

整個事件中，克利夫蘭政府反對兼併夏威夷的動機是值得分析一番的。美國國會的辯論將道義因素提到了很高的地位，道德與

利益的衝突似乎成為政府反對兼併的一個關鍵。事實上，道義因素只是一個方面，其中還涉及大量現實考慮，至少包括：第一，5月份美國爆發前所未有的經濟危機，這場危機部分地改變了原先的利益判斷，一些原先支持吞併夏威夷的人開始對兼併帶來的經濟和社會影響感到不確定。比如之前提到的糖業巨頭斯普雷克爾斯就改變了看法，認為兼併夏威夷將使糖產量增加並進一步壓低糖價，從而可能導致經濟上得不償失。[56] 第二，擔心對國內政治體制的影響。1890 前後美國不斷增加的社會問題已經使克利夫蘭和格雷沙姆等人擔心，美國的聯邦制度已經過度擴展，承受不了更多的領土。更重要的是，克利夫蘭政府的核心成員都認為，夏威夷當地人多數屬於有色人種，政治文化又比較落後，將其併入美國可能會使已經「超載」的聯邦制度和民主制度崩潰。第二助理國務卿阿爾維‧埃迪（Alvey Adee）在給國務卿格雷沙姆的私人信件中就提到，夏威夷人根本不具備成為選舉公民的資格，因此夏威夷也不具備成為美國一個州的資格。[57] 第三，現實利益與成本之間的核算。在克利夫蘭和格雷沙姆等人看來，美國在夏威夷最主要的利益就是蔗糖和戰略基地，而這兩方面美國在沒有承擔起任何政治責任的情況下就已經擁有了。相反，如果美國兼併了夏威夷，利益不會變化，而統治成本則將因此增加。在遭受嚴重經濟危機衝擊的情況下，這種成本與利益的反差更顯突出。

當然，美國對夏威夷的外交還涉及其他國家，特別是英國和日本。1893 年夏威夷發生叛亂後，主張兼併的美國人就強調英國攫取夏威夷的可能性，同時美國亞洲分艦隊司令則提醒海軍部長赫伯特「日本有可能使夏威夷問題複雜化」。[58] 事實上，美國對英國的擔憂更多是基於一種習慣思維，而對日本的關注則是基於現

實。日本明治維新後，其擴張方向主要在亞洲大陸，同時也在太平洋方向進行滲透。1883 年夏威夷只有 116 個日本人，到 1896 年時就達到 24,407 人，佔人口的五分之一以上。[59] 這無疑引起了美國政府和在夏威夷的美國人的關注。1897 年 3 月，夏威夷臨時政府想中止日本移民，結果日本政府發出威脅，這迅速演變為美日之間的較量。美國麥金萊政府命令太平洋分艦隊的「費城」號巡洋艦和一艘老式的輕型巡洋艦「馬里恩」號開往夏威夷，日本則針鋒相對地派出戰列巡洋艦「難波」號，為此美國又將太平洋分艦隊的其他四艘軍艦全部集中到夏威夷，雙方海軍進入了緊張的對峙狀態。馬漢和其他一些海軍權威人物都認為與日本的戰爭已經變得「十分可能」。[60] 與此同時，美國政府又試圖重新推動兼併事項，使得美日在夏威夷問題上的矛盾更加激化，這引起了日本政府的正式抗議。美國此時已經考慮在古巴問題上與西班牙攤牌，因而力免與日本發生衝突。經過一番外交談判，美日在當年的 12 月達成妥協：日本撤回對美國兼併夏威夷的抗議，美國則保證日本在夏威夷的移民和商業利益，同時還迫使夏威夷臨時政府向日本賠償 75,000 美元。[61]

拉美外交：貿易擴張與排擠英國

1890 年的《麥金萊關稅法》和 1894 年的《威爾遜—戈爾曼關稅法》極大地促進了美國和拉美國家的貿易，美國資本也大量進入這一地區。與以往美國商品的南下相比，1890 年代的擴張規模更大，也更有章法。美國商界內部，特別是製造業和銀行業之間加強了協調，同時又要求政府提供更多的外交協助，其矛頭明確指向英國對國際貿易和金融的控制。1895 年 1 月成立的美國全國製造商

協會在這方面就比較有代表性。該協會由共和黨大老馬克‧漢納（Mark Hanna）親自擔任主席，擁有強大的政治能量，其宗旨就是擴展海外貿易，控制拉美和東亞市場。成立伊始，全國製造商協會向聯邦政府發出正式呼籲，要求提供政府支持，以便讓美國工業「在更加平等的條件下與英國競爭」。這種大規模的貿易攻勢很快引起了英國方面的恐慌，一些英國報紙指出，在拉美地區，即使是英國的殖民地也被「潮水般的美國產品淹沒」，英國商品被擠出整個拉美市場已經「幾乎成為定局」。[62] 在這種情況下，美英在拉美的競爭就帶上了更多的對抗性色彩，其中英國無疑處於守勢，美國則是攻勢。排擠英國成為美國這一時期拉美外交最突出的一條主線。

　　1891 年美國與智利的衝突，就是在這種美英競爭的背景下發生的。智利與英國的關係一直比較密切，其海軍裝備主要來自英國，實力較強。很多美國人將智利視為英國在這一地區的代理人。1891 年 1 月，智利發生內戰，親英的議會在海軍支持下反對得到美國支持的總統巴爾馬塞達。在這一過程中，反政府力量得到了英國海軍和在智利的英國人社團的大力支持，連英國駐智利領事也承認「我們無疑違反了中立」。[63] 這種情況無疑是美國極不願意看到的，內戰期間發生的「伊塔塔」號事件更是進一步惡化了美國與智利反政府力量的關係。[64] 到 1891 年 10 月初，反政府力量贏得了內戰，英國勢力在智利完全佔了上風。面對這樣的結果，美國一方面被迫承認新政府，另一方面命令海軍繼續駐留在瓦爾帕萊索港，同時還為前總統巴爾馬塞達的支持者提供政治避難，從而刺激了智利國內的反美情緒。10 月 16 日，美國巡洋艦「巴爾的摩」號上的水兵上岸休假，結果在酒吧與當地人發生鬥毆，兩名美國人被

打死，36 名美國水兵被當地警察逮捕（第二天被釋放）。這一事件在美國引起了軒然大波，總統哈里森以強硬的措辭要求智利政府正式道歉並作出賠償。遭到拒絕後，美國開始大張旗鼓地備戰，包括命令海軍集結、向各國採購燃煤等等。但美國海軍部長特雷西非常清楚，當時美國的海軍實力並不比智利強多少，而且一旦開戰又有英國干預的風險，所以此舉主要旨在威嚇，而不是求戰。海軍部還不時地向報界透露一些戰爭準備的實際行動，以增強威嚇的效果。[65] 1892 年 1 月 21 日，美國政府又向智利發出了非常強硬的照會，其內容已經接近最後通牒。不過有意思的是，在這份「準通牒」的照會中，美國只威脅要中斷兩國的外交關係，而不是開戰。[66] 從中可以看出，美國在聲色俱厲的同時還是保持了一定的靈活性。最終，智利政府被迫讓步，同意正式道歉並賠償 75,000 美元，從而結束了這一衝突。美國在找回面子的同時，客觀上也達到了對英國「敲山震虎」的效果。

在 1893 年底巴西發生的一場小規模內亂中，美國的干涉行動則要明確得多，也有力得多。當時巴西的保王黨勢力試圖推翻共和國（據稱也得到了英國的秘密援助），海軍則站到了反政府一方，並試圖通過封鎖首都里約熱內盧來迫使政府下台。美國政府很快作出反應，命令美國海軍組成護航編隊強行駛入里約熱內盧，國務卿格雷沙姆還指示艦隊指揮官必要時以武力確保美國的貨物上岸。[67] 當船隊遭到攔截時，美國軍艦向反政府軍艦艇上方開炮，結果這場小規模的叛亂很快平息。美國在與英國的較量中得了一分。

在 1894 年尼加拉瓜「莫斯基托印第安人保留地事件」中，問題已經不是美國對所謂「英國代理人」的干涉，而是更加直接地削弱英國的影響，幾乎到了與英國當面對抗的程度。莫斯基托印第安

人保留地的主權名義上屬於尼加拉瓜，但根據 1860 年的一項國際條約，該保留地上的印第安部落享有自治權，實際上是英國保護下的地方。對美國人來說，這一保留地的價值非同小可，一方面因為它位於尼加拉瓜東部沿海，是擬建中的跨洋運河的必經之地，具有重要的戰略意義，另一方面，美國人在此已有大量投資和商業經營活動，特別是經營香蕉種植園。到 1893 年，美國人在莫斯基托保留地的資產已達 200 萬美元，而該地與美國的貿易往來則達 400 萬美元。據美國駐尼加拉瓜公使估計，莫斯基托保留地 90 至 95% 的財產掌握在美國人手中。[68] 因此，從任何一個角度來看，將英國勢力擠出這一地區都是美國孜孜以求的目標。

到 1894 年時，美國有了這樣一個機會。當時的尼加拉瓜政府是一個革命後剛上台的新政府，財政緊缺，盯上了這片富裕的印第安人保留地。1894 年，尼加拉瓜政府以保護印第安人免受鄰國洪都拉斯的侵害為藉口，派軍隊進入這一地區。當地的印第安酋長立即向英國外交部抗議，要求英國提供 1860 年條約所規定的保護。英國隨即派海軍陸戰隊登陸並解除尼加拉瓜政府軍武裝，還扶植了一個莫斯基托地區的臨時政府，由英海軍軍官與尼加拉瓜政府和軍隊代表組成。這個所謂的臨時政府原本還希望吸收幾個美國人參加，但後者並不領情，退出了政府。在這一事件上，美國國務卿格雷沙姆看得非常準。他不同意美國駐當地領事關於恢復印第安人「自治」的要求，認為所謂「自治」實際上就是英國的保護權，美國應充分利用這一機會將保護權轉到自己手中。所以，格雷沙姆馬上抓住臨時政府一事向英國政府提出質問，4 月 30 日又明確抗議英國的這種做法違反了 1860 年的條約。在美國的壓力下，英國自由黨政府很快就退讓了，一貫軟弱的外交大臣金伯利聲明英國無

意在中美洲建立任何保護國，並解釋說成立臨時政府一事並未得到英國政府的訓令。與此同時，英國海軍陸戰隊迅速撤出了莫斯基托保留地，臨時政府也宣告解散。這樣，英國就默認了美國對這一地區的保護權。值得一提的是，在整個排擠英國勢力的過程中，美國始終都是以恢復尼加拉瓜對該保留地主權的名義來行動的，格雷沙姆在 7 月給英國的照會中還強調尼加拉瓜對莫斯基托保留地的主權「無可置疑」。[69] 但尼加拉瓜政府可能把這一「主權」當真了，開始觸碰美國在保留地的利益，結果格雷沙姆又採取了第二個步驟，即對尼政府提出警告並以干涉相威脅，以確立自己的保護者地位。這一目標也很快達成。頗具象徵意義的是，1895 年 7 月莫斯基托保留地的印第安部落發動起義反抗尼加拉瓜政府統治時，前來「維持秩序」的就不再是英國海軍陸戰隊，而是美國海軍陸戰隊。

總的來看，1890 年以後美國在拉美和太平洋的外交都服務於海外貿易擴張，但風格上存在很大差異。在太平洋地區，美國的行動相對謹慎，而在拉美地區的外交風格則明顯更富於進攻性，尤其對英國的立場不斷趨於強硬，其外交也越來越帶有一種「意志宣示」的色彩。在這種情況下，美英逐步走到了外交攤牌的邊緣，發生了崛起大國與守成大國的一次正面衝突 —— 委內瑞拉邊界危機。

註釋

1　F. W. Taussig, "The McKinley Tarriff," p.329.

2　Robert P. Porter, "The Dingley Tariff Bill," *The North American Review* 164.486 (May. 1897), pp.576-577.

3　F. W. Taussig, "The Mckinley Tarriff," pp.339-340.

4　在麥金萊作為眾議院籌款委員會主席向眾議院提交正式報告並得到眾院批准的整個過程中，關稅法案都不包含互惠條款，由於國務卿布萊恩等力主貿易擴張的共和黨政要的壓力，共和黨在遞交參議院表決之前臨時加上了互惠條款。見 F. W. Taussig, *The Tariff History of the United States* (5th edition) (New York: The Knickerbocker Press, 1910), p.172。

5　F. W. Taussig, *The Tariff History of the United States* (5th edition), p.173.

6　Warren I. Cohen, ed., *The Cambridge History of American Foreign Relations* vol.2, p.77.

7　美國與法國和德國也達成了有限的互惠協定，參見 F. W. Taussig, *The Tariff History of the United States* (5th edition), pp.174-175 註釋部分。

8　Walter LaFeber, *The New Empire*, p.113.

9　Warren I. Cohen, ed., *The Cambridge History of American Foreign Relations* vol.2, p.79.

10　Ernest R. May, *Imperial Democracy: The Emergence of America as a Great Power* (New York: Harper & Row, 1961), p.14.

11　比如：George G. Vest, "The Real Issue," *The North American Review* 155.431 (Oct. 1892), pp.401-406；William L. Wilson, "The Republican Policy of Reciprocity," *The Forum* (Oct. 1892), pp.255-264。

12　Warren I. Cohen, ed., *The Cambridge History of American Foreign Relations* vol.2, pp.111-112.

13　William L. Wilson, "The Principle and Method of the New Tariff Bill," *The Forum* (Jan. 1894), p.546.

14　Roger Q. Mills, "The Wilson Bill," *The North American Review* 158.447 (Feb.

1894), p.242.

15   Walter LaFeber, *The New Empire*, p.164.

16   Ibid., p.167.

17   F. W. Taussig, *The Tariff History of the United States* (5th edition), pp.190-191.

18   Ibid., p.196.

19   R. Hal Williams, *Years of Decision*, p.93.

20   Worthington C. Ford, "The Turning of the Tide," *The North American Review*
      161.465 (Aug. 1895), pp.191-194.

21   Nathan Miller, *The U.S. Navy: History* (3rd edition) (Annapolis, Maryland:
      Naval Institute Press, 1997), p.144, 146.

22   四艘艦分別以 A、B、C、D 為艦名首字母,其中防護巡洋艦三艘,
      即「亞特蘭大」號(3,189 噸)、「波士頓」號(3,189 噸)、「芝加哥」
      號(4,500 噸),通信快船一艘,即「海豚」號(1,500 噸)。

23   George W. Bear, *One Hundred Years of Sea Power: The U.S. Navy 1890-1990*
      (Stanford, CA.: Stanford University Press, 1993), p.18.

24   See Robert Love, *History of the U.S. Navy 1775-1941* vol.1, p.357.

25   Alfred Thayer Mahan, "The United States Looking Outward," in *The
      Interest of America in Sea Power, Present and Future* (Boston: Little, Brown,
      1898), p.13.

26   Charles S. Campbell, *The Transformation of American Foreign Relations*, p.158.

27   Nathan Miller, *The U.S. Navy: History* (3rd edition), p.154.

28   當然,1890 年的海軍法中還殘留着不少傳統的東西,比如授權建造
      快速巡洋艦「哥倫比亞」號以便執行破壞海上交通線的任務。三艘
      「印第安納」級主力艦的遠洋能力與歐洲海軍標準相比也有一定差
      距,所以有一個比較古怪的名字 ──「執行遠洋任務的海岸主力艦」
      (sea-going coast-line battleship)。見 Robert Love, *History of the U.S. Navy
      1775-1941* vol.1, pp.372-373。

29   Ibid., pp.372-373.

30   Ibid., p.375.

31   Walter LaFeber, *The New Empire*, pp.229-231.

32   Harold Hance Sprout, *The Rise of American Naval Power 1776-1918* (Princeton: Princeton University Press, 1944), p.219.

33   Robert Love, *History of the U.S. Navy 1775-1941* vol.1, p.378.

34   原為一艘護衛艦的名字,該艦於 1894 年 2 月在尼加拉瓜外海觸礁沉沒,《紐約時報》等媒體揭露其中涉及玩忽職守和作假證,從而引發了一場著名的醜聞。當 1895 年建造的主力艦沿用此名後,該艦也成為唯一不以州的名字命名的主力艦。

35   Harold Hance Sprout, *The Rise of American Naval Power 1776-1918*, p.221-222.

36   其中美國人為 5,133 人,外國人為 4,400 人。見 Nathan Miller, *The U.S. Navy: History* (3rd edition), p.155。

37   Benjamin Franklin *Cooling, Grey Steel and Blue Water Navy: The Formative Years of America's Military-industrial Complex, 1881-1917* (Hamden, Connecticut: Archon Books, 1979), p.118。然而軍工關係依然沒有擺脫腐敗和內幕交易,如特雷西當海軍部長時,卡內基公司的鋼鐵報價明顯偏高,但仍被海軍部接受。而特雷西去職後即到卡內基公司任職。

38   Fareed Zakaria, *From Wealth to Power: The Unusual Origins of America's World Role* (Princeton, N.J.: Princeton University Press, 1998), p.126.

39   徐棄鬱:《脆弱的崛起:大戰略與德意志帝國的命運》(北京:新華出版社,2011 年),頁 250-253。

40   Walter LaFeber, *The New Empire*, p.236.

41   Ibid., p.295.

42   參議員安東尼‧希金斯和亨利‧卡伯特‧洛奇是呼籲關注日本海軍威脅的代表人物,而 1897 年美日兩國海軍在夏威夷海域進行對峙後,總統麥金萊授意美國海軍戰爭學院完成了第一份對日作戰的戰略計劃。

43   Robert Love, *History of the U.S. Navy 1775-1941* vol.1, pp.363-365.

44   George W. Bear, *One Hundred Years of Sea Power: The U.S. Navy 1890-1990*, p.20.

45   Fareed Zakaria, *From Wealth to Power*, pp.120-122.

46　Robert Beisner, *From the Old Diplomacy to the New 1865-1900* (Arlington Heights, Ill.: Harlan Davidson, 1986), pp.88-89.

47　Warren I. Cohen, ed., *The Cambridge History of American Foreign Relations* vol.2, pp.91-92.

48　Walter LaFeber, *The New Empire*, p.142.

49　Warren I. Cohen, ed., *The Cambridge History of American Foreign Relations* vol.2, p.92.

50　Charles S. Campbell, *The Transformation of American Foreign Relations*, p.186.

51　Ernest R. May, *Imperial Democracy*, pp.14-16.

52　Julius W. Pratt, *Expansionists of 1898*, pp.119-120.

53　Walter LaFeber, *The New Empire*, p.204.

54　在第 53 屆國會中，民主黨在眾議院佔 218 席，共和黨 127 席，其他黨派 11 席；在參議院為民主黨 44 席，共和黨 38 席。見 R. Hal Williams, *Years of Decision*, p.162。

55　Charles S. Campbell, *The Transformation of American Foreign Relations*, pp.191-192.

56　Ernest R. May, *Imperial Democracy*, p.23.

57　Walter LaFeber, *The New Empire*, p.205.

58　Warren I. Cohen, ed., *The Cambridge History of American Foreign Relations* vol.2, p.102.

59　Thomas A. Bailey, "Japan's Protest against the Annexation of Hawaii," *The Journal of Modern History* 3.1 (March. 1931), p.46.

60　Robert Love, *History of the U.S. Navy 1775-1941* vol.1, pp.385-386.

61　Thomas A. Bailey, "Japan's Protest against the Annexation of Hawaii," p.59.

62　Walter LaFeber, *The New Empire*, p.193, 195.

63　Charles S. Campbell, *The Transformation of American Foreign Relations*, p.169.

64　反政府勢力為了得到更多武器，通過美國船業巨頭格雷斯（W. R. Grace）秘密從加利福尼亞的聖地亞哥港走私軍火。事情敗露後，美國政府立即採取行動，派巡洋艦「查里斯頓」號一路緊追走私船

「伊塔塔」號到智利的瓦爾帕萊索港。然而令美國政府尷尬的是，美國本國的法庭裁定該船並未違反國際法。最後經過一番外交談判，美國運回軍火，而「伊塔塔」號則歸還智利反政府力量。見 Robert Love, *History of the U.S. Navy 1775-1941* vol.1, pp.365-366。

65　Robert Love, *History of the U.S. Navy 1775-1941 vol.1*, pp.365-366.

66　Charles S. Campbell, *The Transformation of American Foreign Relations*, p.174.

67　Walter LaFeber, "The Background of Cleveland's Venezuelan Policy: A Reinterpretation," *The American Historical Review* 66.4 (July. 61), p. 956.

68　Walter LaFeber, *The New Empire*, pp.220-221.

69　Dexter Perkins, *The Monroe Doctrine 1867-1907* (Baltimore: The John Hopkins Press, 1937), pp.42-43.

第三章

英美對抗與和解：
委內瑞拉邊界危機

1895 至 1896 年間，英美因委內瑞拉邊界問題發生了自美國內戰以來最激烈、最直接的一次對抗，歷史上崛起大國與霸權國之間的衝突似乎正在重演。然而，雙方雖然關係緊張，但基本上只是用照會和公開諮文進行交鋒，既沒有任何一方發出明確的武力威脅，也沒有進行實際的戰爭動員，總體屬於「文鬥」。從結果來看，這一危機不僅得到和平解決，而且還成為兩國關係發展的重要轉折點，長達一個多世紀的英美敵對迅速讓位於英美和解，崛起大國與霸權國的結構性矛盾戲劇性地減少了，為半個世紀以後所謂的「霸權禪讓」鋪平了道路。

英美關係格局與危機背景

疲憊的英國霸權

　　19 世紀末，長達一百多年的英國霸權已經呈現頹勢。在工業領域，英國被美國超越，又面臨德國強有力的競爭。從 1870 年到 1896 年，英國佔世界製造業的份額從 31.8% 下降到 19.5%（同期美國從 23.3% 增長到 30.1%，德國從 13.2% 增長到 16.6%），而貿易出口增長僅為 7% 左右，用殖民地事務大臣約瑟夫・張伯倫（Joseph Chamberlain）的話來說，就是「30 年出口增長停滯」。[1]在英國國內，帝國的衰落開始慢慢成為一種越來越廣泛的話題，特別是 1890 年以後，這方面的書籍和文章開始大量出現。[2] 焦慮情緒在英國社會和政府內部蔓延。

　　與此同時，英國的戰略環境也出現了一些重要變化。最核心的問題是，英國對海洋的控制開始變得不那麼絕對了。1870 年代末，俄、德、意等歐洲大陸國家不約而同地加快了海軍建設步

伐，尤其是法國於 1878 年大幅增加海軍開支，使得英國海軍力量的優勢迅速縮減，引起了海軍部的恐慌。在這種情況下，英國政府咬牙克服財政困難，於 1889 年大幅度增加海軍預算並正式明確了海軍建設的「兩強標準」，暫時鞏固了自己的海上霸權地位。[3] 但在一些重要地區，比如地中海和東亞，英國海軍仍然面臨較大壓力。

1890 年以後，歐洲大國關係的變化更是加劇了問題的嚴重性。德國宰相俾斯麥（Otto von Bismarck）的下台引發了歐洲政治格局的重大改組，法俄同盟於 1892 年成立，抵消了德國為首的三國同盟的影響，使歐洲大陸再度出現了「勢力均衡」。對英國來說，這應該是最有利的局面，因為兩大集團之間會自動地相互制衡，英國則可以再度充當「離岸平衡手」的傳統角色。但英國政府很快發現，法俄同盟雖然針對的是德國，但首當其衝的卻是自己。1893 年 10 月，俄國一支分艦隊訪問法國地中海的軍港土倫，受到法國民眾幾乎是狂熱的歡迎。與此同時，又有傳言說法國將給予俄國艦隊突尼斯軍港的使用權，而俄國又試圖在東地中海租借一個島嶼作為海軍基地，並準備將整個黑海艦隊駛入地中海。[4] 這樣，英國在地中海剛剛得到的穩固地位又面臨法俄兩國的聯合挑戰。海軍情報部就提出警告：如果皇家海軍要在黑海海峽阻止俄國黑海艦隊進入地中海，那麼法國地中海艦隊很可能從背後攻擊，使英國艦隊處於腹背受敵的危險境地；但如果不能在黑海海峽阻止俄國艦隊，那麼一旦法俄海軍在地中海會合，英國海軍將失去對這一「生死攸關的戰略中心」（海軍上將費舍爾語）的控制。[5] 這樣一來，英國的海上霸權又面臨嚴峻挑戰，海軍預算不得不再次大幅增加。

在外交上，英國也是左支右絀，疲於應對。1880 年代開始，歐洲列強進入了帝國主義時期，[6] 一度受冷落的「海外殖民事業」再次興起。在這股狂潮中，英國自然是領跑者，但由於擁有最大的殖民帝國，同時又是其他列強嫉妒和競爭的重點對象。面對眾多殖民摩擦和由此引起的安全和外交問題，英國外交也步入了一個艱難時期。1892 年威廉·尤爾特·格萊斯頓（William Ewart Gladstone）的自由黨政府上台後，這種情況變得更加嚴重。一般而言，英國的自由派當政後都有一種「雙重人格」，即在理念上反對帝國主義，而在行動上又不得不延續帝國主義政策。這種「半心半意」的做法必然使政策的效果大打折扣，再加上自由黨政府的領導人在外交和安全事務上缺乏經驗、缺乏堅定性，因此 1892 至 1895 年自由黨執政時期（1892 至 1894 年格萊斯頓為首相，羅斯伯里為外交大臣；1894 至 1895 年羅斯伯里為首相，金伯利為外交大臣）就成為英國在外交上頻遭挫折的一個時期。在歐洲，英國拉三國同盟對付法俄同盟的努力沒有成功，德國一改俾斯麥下台後的親英政策，轉而奉行親俄路線，迫使英國單獨面對法俄在地中海的挑戰。在非洲，英國與比利時合謀在所謂的「剛果自由邦」佔有一條狹長的土地，結果法德聯合起來向英國施壓，英國只能作出一定讓步。在東亞，中日甲午戰爭後發生「三國干涉還遼」，最終日本在俄、法、德三國壓力下被迫放棄中國的遼東半島。這對英國在東亞的地位是一個重大打擊，歷史學家泰勒就指出，東亞「本來在很長時期內是英國人獨有的地區，現在它被三個大陸強國推搡到一邊去了」。[7] 在中亞，英帝國「皇冠上最明亮的一顆珠寶」[8]──印度的北部面臨俄國不斷增加的壓力，英印政府一再要求增加在印度的防務投入，而英國自身的財政壓力又不可能滿足這一要求。在東南亞，英國與法

國於 1893 年發生了暹羅事件，首相羅斯伯里誤認為法國將開戰而驚慌失措地向德國求助。⁹ 可以說，縱覽 1890 年代中期的一系列事件，已經看不出英國有多少「霸權國」的樣子，在英國政府的內部檔案中，也是一片警報聲。

美國的挑戰與美英關係

當時美英關係的基本結構必須在這種英國霸權衰落的大背景下加以考察。一方面，美國的崛起和對英國的挑戰自然是英國外交困境的一個組成部分。另一方面，兩國之間雖然屬於比較典型的崛起大國和霸權國的關係，但其中有些方面還是比較獨特的。也許正是這些特性或者說特殊因素防止了英美矛盾向極端化方向發展，使兩國關係的發展方向完全不同於另一對霸權 —— 英德的關係。

（一）美國只是英國霸權的眾多挑戰者之一。19 世紀的英國霸權與 20 世紀的美國霸權有一些重要差異，其中之一就是美國作為霸權國時多數強國是其盟友，而英國作為霸權國時則處於一種「光榮孤立」的狀態，其他強國往往對其構成挑戰。

（二）美國對英國的挑戰是在「邊緣」地區。從 19 世紀下半葉，特別是 1890 年代的情況來看，美國對英國的挑戰主要集中在加勒比海和拉美地區。這一地區並非英國的戰略重點，屬於相對的「邊緣地帶」，因此對英國的刺激遠遠不如其他列強在埃及、南非和北海的挑戰。

（三）美國掌握「人質」。英帝國的自治領 —— 加拿大的戰略地位比較脆弱，美國隨時可以將其征服。半個多世紀後，喬治·凱南（George Frost Kennan）就總結說：「加拿大尤其是保持我國與英帝國良好關係的一個不可或缺的『人質』。」¹⁰

（四）負面的歷史經驗。美英之間已有兩場戰爭，尤其是 1812 年的戰爭對兩國關係的發展有着深遠的影響。英國由此看到，即使是一場勝利的戰爭也不能阻止美國的崛起，因而逐步放棄了在北美與美國較量的想法。縱觀歷史，一場勝利但是無用的戰爭往往最容易催生「綏靖」政策。

（五）美國的實力和潛力。1890 年美國工業超越英國以後，英國已經意識到了美國巨大的實力和潛力，對美政策越來越受到這一因素的影響。比如海軍大臣賽爾邦就寫道：「如果有可能避免的話，我將永遠不會與美國爭吵。我們的國民還沒完全瞭解這一點，美國的財力是足夠的。如果他們選擇擴建海軍的話，他們將建起一支和我們一樣大的艦隊，然後超過我們，而且我不能肯定他們會不會這麼做。」[11]

可能正是由於這些因素，1890 年以後英國的對美政策就帶有較明顯的「綏靖」色彩，對美國在加勒比海和拉美地區咄咄逼人的擴張勢頭一再退讓。1892 至 1895 年自由黨執政期間，英國對美退讓更是到了軟弱的程度。尤其在莫斯基托保留地的問題上（見第二章），英國外交大臣金伯利對美國基本上有求必應，導致美國非常輕易地從英國手中奪得了對這一戰略要地的保護權。

然而也就是從 1895 年起，情況開始發生變化。首先，英國整體的對外政策開始進入一個調整期。在英國國內，霸權的衰微刺激了相當一部分人，英國政壇開始出現一種「重振帝國」的潮流，以約瑟夫‧張伯倫為代表的一批保守黨人士主張加強帝國內部的經濟與政治紐帶，以便更有效地與美國、俄國等「超大國家」相競爭，並要求改變自由黨政府軟弱無力的外交政策。1895 年 6 月，英國自由黨政府下台，以索爾茲伯里為首的保守黨重新執政，約瑟夫‧

張伯倫出任殖民地事務大臣一職。英國在歐洲大陸、地中海、非洲和拉美等地區的政策開始了較全面的調整。其次，從英國的拉美政策這一局部來看，由於外交上的節節敗退，加上出口市場不斷丟失，英國國內社會對拉美的事務也越來越關注。到 1895 年夏秋，幾家主要的英國商界報紙開始頻頻發出警告，指出美國貿易擴張與政治上的門羅主義存在着內在聯繫，「一種隱性的門羅主義像酵母一樣在美洲的商業世界起作用」，因此英國「必須進行鬥爭」。[12] 而重新上台的英國首相兼外交大臣索爾茲伯里可以說是 19 世紀末僅次於俾斯麥的歐洲重量級外交家，老成持重，具有極強的政治定力和非凡的戰略眼光。美國國務院的官員很快發現，英國的美洲外交路線出現了很大變化，對美國的態度明顯強硬起來。早在 1895 年 4 月，英國曾因尼加拉瓜驅逐英國外交官而佔領其西海岸城市科林托，後由薩爾瓦多幫助尼加拉瓜支付賠償後英軍方才撤出。為解決這一問題，英國還設立了一個仲裁委員會，當時答應其中一名成員由美國人擔任。但到 1895 年 11 月，索爾茲伯里明確拒絕讓一名美國人參加該委員會。美國國務院對此事非常敏感，在一份寫給國務卿奧爾尼的報告上，第二助理國務卿阿爾維·埃迪用紅筆批註道：「國務卿先生：這是英國政策轉向的一個重要標誌。」[13] 正是在這樣的一種背景下，委內瑞拉邊界危機發生了。

委內瑞拉：英屬圭亞那邊界問題的由來

委內瑞拉與英國殖民地英屬圭亞那接壤。1841 年地理學家羅伯特·朔姆布爾克（Robert Hermann Schomburgk）對邊境地區勘探並擅自劃了一條邊界線，即所謂的「朔姆布爾克線」，委內瑞拉政府自然提出抗議。但當時雙方對此都不是特別重視，1850 年兩

國還同意不對爭議區進行開發，基本實現了擱置爭議。但到 1875 年，由於英國殖民當局以追捕逃犯為名派出一支小部隊進入爭議區，委內瑞拉政府再度抗議，並指出所謂的「朔姆布爾克線」侵佔大量委內瑞拉領土，合理的邊界線應向英屬圭亞那方向移動相當一段距離。更重要的是，此後不久在爭議地區又發現了蘊藏量很大的金礦，讓雙方徹底打消了擱置爭議的願望，英國政府與委內瑞拉政府由此開始了新一輪談判。1886 年談判破裂，英國政府單方面宣佈「朔姆布爾克線」就是委內瑞拉與英屬圭亞那之間的邊界線，兩國還於同年中斷了外交關係。

委內瑞拉非常清楚，自己不可能單槍匹馬與英國抗爭。所以 1875 年邊界問題再度突出後，委內瑞拉駐華盛頓公使先後於 1876 年、1880 年、1881 年、1884 年和 1887 年向美國直接或間接地求助。[14] 對此，美國政府一開始並沒有接招。到 1886 年托馬斯‧貝阿德（Thomas F. Bayard）出任國務卿後，美國才比較明確地表露出介入的意願。貝阿德本人就提醒英國注意門羅主義，並且提議美國可以出面仲裁此事。但由於英委兩國很快中斷了外交關係，這條建議實際上已經無法落實，而 1887 年 2 月英國首相索爾茲伯里兼任外交大臣一職後，英國乾脆拒絕了仲裁建議。國務卿貝阿德在整個過程中感覺比較受氣，在英委兩國斷交時還專門向英國遞交了一份關於委內瑞拉邊界問題的抗議照會，但被美國駐英公使愛德華‧菲爾普斯（Edward J. Phelps）攔下，並未送到英國政府手中。[15]

儘管如此，美國政策還是慢慢地向介入爭端的方向發展。1888 年，美國國會首次關注英國和委內瑞拉之間的邊界爭端，眾議院還通過一項決議，要求政府提供相關的信息並確保此事的處理不違反門羅主義。不過，此時的美國政府總體上還比較謹慎，即使

是具有明顯反英傾向的國務卿布萊恩，也明確指示外交官不得對此事發表觀點。[16] 直到 1893 年克利夫蘭政府上台後，美國的介入開始變得積極起來，從而導致了危機的爆發和英美的正面交鋒。

美國介入爭端

委內瑞拉的公關工作與美國國內傾向

在一定程度上，美國介入英委邊界爭端是受到了委內瑞拉的影響。從 1870 年代開始，委內瑞拉就一直試圖將美國拉入，到 1893 年底公關力度明顯加強。這裏涉及一位重要人物，即美國人威廉·斯克魯格斯（William L. Scruggs）。此公品行一般，曾任美國駐委內瑞拉公使，後因賄賂委總統而被美國政府解職。但委內瑞拉政府馬上聘他為特別顧問，負責在美為委內瑞拉做宣傳和公關工作。[17] 斯克魯格斯在政府部門工作多年，深諳美國政界的規則和關注重點，因此他公關工作的核心就是寫一本名為《英國侵略委內瑞拉，門羅主義受到考驗》的小冊子，在美國廣為散發。與此同時，委內瑞拉政府還做了美國報界的工作，提供了大量與英屬圭亞那邊界爭端的信息。應該說，作為一個昔日的殖民地，美國本來就對英國有一種根深蒂固的不信任，對英國在美洲的任何行動都傾向於進行負面解讀。因此在委內瑞拉政府的公關工作之下，美國的政界和報界很快就接受了委方的說法，情緒也越來越激動。

1895 年 1 月 10 日，來自佐治亞州的眾議員利奧尼達斯·利文斯頓（Leonidas F. Livingston）提出了一個決議草案，着重指出英國與委內瑞拉的邊界爭端涉及奧里諾科河的河口地區，由於該河是南美四分之一地區的內陸貿易幹線，一旦英國控制河口，就會「至少

引起三個南美共和國的商貿和政治制度發生革命性的變化」。這基本就是斯克魯格斯那本小冊子的觀點，而利文斯頓的行動也與斯克魯格斯的不斷慫恿有很大關係。[18] 在強調具體利益的同時，利文斯頓還非常高調地把爭端與門羅主義聯繫在一起：「（放棄門羅主義）就是放棄國家的尊嚴，使我們成為文明世界的笑話……美國人民永遠不會同意這麼做。」[19] 他的提案在國會很快引起了強大共鳴，眾議院和參議院於 2 月 6 日和 10 日均以全票通過，並於 20 日由總統克利夫蘭簽署生效。這一決議雖然只是提出「建議利益攸關的雙方考慮接受仲裁」，用詞也相對溫和，但國會兩院在討論決議過程的發言和全票通過的氣勢已經表明了美國在這一問題上的態度，對國內輿論也起了推波助瀾的作用。

從 1895 年 3 月起，很多美國報紙，特別是好戰派（Jingoist，或稱「金戈主義」）報紙也越來越站在委內瑞拉一邊，而且基本一邊倒地接受了委方對於爭端的解釋。像《紐約論壇報》就認為事實「非常簡單」，即爭議區土地屬於委內瑞拉，英國純粹出於貪婪而試圖搶奪。而《紐約太陽報》更是宣稱，如果委內瑞拉被迫為他們的權利而戰鬥，那麼「美國公民有義務提供支援」。[20] 到 5 月、6 月，美國的部分政要也開始放狠話，比較典型的就是參議員亨利·卡伯特·洛奇在《北美評論》上發表的〈英國、委內瑞拉和門羅主義〉一文。這篇文章在涉及門羅主義的發展歷史上出了不少錯誤，但作為一篇政治檄文，它還是非常有衝勁的。洛奇以不容辯駁的語氣宣稱，英國的意圖就在於控制奧里諾科河河口，而「美國人民不準備放棄門羅主義，也不準備放棄在西半球的主宰地位。正相反，他們現在準備為確保這兩項目標而戰鬥」。[21] 他還提出，即使英國的動機不是要控制河口，那也沒有改變問題的性質，因為「我們關

注的是美國的利益。如果允許英國佔領尼加拉瓜的一個港口，再進一步允許它佔領委內瑞拉的部分土地，那麼法國和德國也會這麼做」。最終，他用一句極具煽動性的話進行總結：「門羅主義的主宰地位必須立即得到確立 — 如果可能的話就和平確立，如果必要的話就強行確立。」[22] 在這種情勢下，美國政府的立場也不可能不強硬起來。

克利夫蘭政府的政策

不過，如果說克利夫蘭政府是被委內瑞拉的公關工作拖入爭端，那絕對是一種誤導。在這一爭端中，美國一直是從自身的國家利益，而不是從委內瑞拉的利益來看待和處理整個事情的。而且，克利夫蘭政府在英委邊界爭端問題上的做法本身就有很多國內政治的考慮。

克利夫蘭政府上臺不久，美國就遭受了嚴重的經濟和社會危機，而海外貿易擴張則被看成走出危機的主要途徑。對於拉美這一貿易擴張的重點地區和傳統的政治後院，總統和國務院自然關注有加。尤其是當美國商品大規模進佔拉美市場之時，美國更是高度提防英國等歐洲列強可能進行的反擊。在這樣的情況下，英國在拉美的任何行動、與拉美國家的任何衝突，都會被美國從英美較量的角度來解讀。特別是在 1895 年，英法與拉美國家的小衝突不斷。這在美國政府看來就是歐洲列強試圖重新鞏固和擴大在拉美的地盤，第二助理國務卿埃迪就形容英國正在南北美洲進行一場「搶地競賽」。[23] 所以，從一開始克利夫蘭政府就不是孤立地看待英委邊界爭端，而是將它作為美國與歐洲列強爭奪拉美主導權的一系列較量之一。

為此，美國對英委邊界爭端的政策集中於兩個要點：一是要求由美國來仲裁這一爭端，這一點克利夫蘭在 1894 年底的總統諮文中就已經提出；二是防止英國控制奧里諾科河的河口地區。美國早就發現，英國對爭議區的領土要求是不斷變動的，不僅超過了原來的「朔姆布爾克線」，而且向奧里諾科河的河口地區擴展。總統克利夫蘭本人對此十分關注，據說他曾於 1895 年 4 月向來訪者攤開一張大地圖並詳細討論英國對河口地區的要求。在國務院方面，國務卿格雷沙姆對奧里諾科河口同樣敏感。1894 年下半年委內瑞拉以中止走私為名關閉河口時，格雷沙姆馬上施加外交壓力並強調美國的利益。[24] 委內瑞拉政府就勢向美國發外交照會，強調英國一旦控制河口將嚴重妨礙美國貿易利益。實際上美國在自己的利益問題上從來不需要提醒。1895 年 1 月，美國向英國提出抗議，稱「英國（對爭議地區領土）的要求是變化的，不斷向西移動的」。[25] 3 月，當美國得知英國的要求將包括奧里諾科河河口區時，格雷沙姆向英國展示出了少有的強硬，其函件稱英國在邊界問題上的立場是「矛盾的，而且明顯是不公正的」，「如果英國在該問題上繼續採取這種立場，鑑於我們政府中幾乎完全一致的態度和政策，我們將被迫叫停」。[26]

　　不過格雷沙姆的路線總體上還是過於穩健，也過於看重英美友好關係，不太符合克利夫蘭的要求。對於總統來說，重要的不僅僅是國家利益，還有國內政治利益。他這屆政府一上台就同時捲入了貨幣本位和關稅這兩場大爭鬥，雖然勉強佔了上風，但仍受到共和黨和民主黨內部反對派的強大反彈。在外交方面，克利夫蘭因為堅持不兼併夏威夷而得罪了大多數擴張主義者（其中包括民主黨內的重要人物、參議院外交關係委員會主席約翰·摩根），而在拉美

問題上的相對謹慎又被攻擊為「親英」。更有甚者，反對派還將克利夫蘭的貨幣和關稅政策也貼上「親英」的標籤，如攻擊金本位政策「服務於英國金融巨頭」，把低關稅稱為「迎合英國的自由貿易政策」，等等。[27] 這些自然會影響到克利夫蘭政府及民主黨的國內支持率。到 1894 年國會選舉時，民主黨遭遇重挫，在參眾兩院均從多數派淪為少數派。[28] 而在委內瑞拉邊界爭端上，共和黨又以捍衛美國地位的形象出現，與民主黨進一步爭奪國內政治基礎，特別是民主黨的傳統票源、主要的反英群體—愛爾蘭裔美國人。在這種情況下，克利夫蘭政府迫切需要用一種強勢的外交行動來挽回國內支持率，回擊那些反對者，特別是民主黨內部的反對者。他在一封私信中寫道：「在適當的時候人們就會發現，政府並沒有睡着。而好多個世紀之前從豬身上趕出去的惡靈恐怕現在附體在一些所謂的民主黨領袖身上。」[29] 所以，當國務卿格雷沙姆於 5 月因病去世後，克利夫蘭馬上任命被稱為「24 英吋大炮」的司法部長理查德‧奧爾尼（Richard Olney）為新的國務卿。

作為一個政治人物，奧爾尼有兩大特點，一是狂熱地信奉美國的海外擴張是「天定命運說」，而且相信「美國世紀」將從他任國務卿開始；二是做事風格強悍，富於攻擊性，甚至有點不顧後果。任司法部長期間，他就悍然派聯邦軍隊鎮壓普爾曼工人大罷工，引起輿論嘩然，人們普遍擔心這將導致集權政治。這種風格同樣體現在他的私人生活上。奧爾尼曾經一怒之下將女兒趕出家門，並發誓不再見她，結果他雖然和女兒同處一個城市，還是堅持了整整 30 年不見面。所以，克利夫蘭任命這樣一個人擔任國務卿，就意味着美國在英委邊界爭端上的政策要出現一次大的調整，爭端本身也將從一般性事件演變為一場危機。

奧爾尼照會

奧爾尼擔任國務卿後，立即着手處理英委邊界爭端，並迅速展現出自己的風格。首先，他一改格雷沙姆時期與委內瑞拉政府保持聯繫的做法，轉而拋開委內瑞拉，把此事完全變成美國政府的單獨行動。[30] 其次，他受克利夫蘭之託，精心準備了一份給英國政府的照會，其思路和行文也完全是奧爾尼式的，極為強悍。7 月初，奧爾尼就完成了照會初稿並交由克利夫蘭審閱。克利夫蘭看後大加讚賞，稱「這是我讀過的這一類文稿中最好的⋯⋯ 你充分地展示了門羅主義，並將其置於一個更好、更易於維護的位置。這一點你比你所有的前任都要做得好，也比我做得好」。克利夫蘭最後對照會略微改動了一下，以稍稍「緩和語氣」，並於 7 月 20 日發出了這一著名的照會。[31]

奧爾尼的照會有近 20 頁之多，是一篇外交長文。其中主要涉及四個方面：一是英國和委內瑞拉邊界爭端的由來和美國以往的立場；二是詳細地闡述了門羅主義。文中除了簡要回顧門羅主義的歷史，還多次從法理角度對門羅主義進行強調，比如稱其是基於「美國公共法的原則」，要求「將歐洲列強強制性地對一個美洲國家進行政治控制視為對美國的侵害」。順着這一邏輯，美國可以根據「國際法公認的標準」，干預其他國家之間的爭端，只要其可能對美國產生「嚴重的直接影響」。三是強調美國在美洲的主導地位。奧爾尼指出，美國在實力還不強的時候就已經堅持門羅主義，更何況美國已經擁有無可爭辯的優勢地位：「今天美國事實上是這塊大陸的主宰⋯⋯ 不是單純的友誼或者感受到（美國）的善意⋯⋯ 而是無盡的資源和孤立的位置，使它成為形勢的主宰，而且事實上其他任何國家都無法侵害它。」四是否認英國具有美洲國家的資格。

奧爾尼專門提出，英國在美洲擁有的大量殖民地並不能說明它是一個美洲國家，相反，「由於相隔 4,800 多公里的海洋，一個歐洲國家和一個美洲國家之間任何永久性的政治聯繫都是不自然的，不合宜的」。在用大篇幅進行說理的同時，奧爾尼的重點當然還是委內瑞拉邊界爭端。他指出，英國當前的政策不可避免地會被美國認為是「對委內瑞拉領土的入侵和征服」，「在這種情況下，美國總統的責任就是明確無疑的、緊迫的……這件事情將被視為對美國人民利益的侵害，而且由於忽視這個國家的榮譽和福利所繫的、久已確立的政策，它本身也是壓迫性的」。如果英國拒絕仲裁，那麼問題將提交到被憲法賦予擁有宣戰權的美國國會。最後，照會還敦促英國在 12 月總統向國會發表國情咨文之前答覆。[32]

克利夫蘭和奧爾尼都清楚這個照會的嚴重性。按克利夫蘭的想法，英國的答覆無論如何都會在他 12 月向國會發表國情咨文之前到達。這樣不管哪種具體答覆，他都可以將照會與英國的答覆一起提交國會：如果英國讓步，他可以在國內政治中輕易得分；如果英國不讓步，他可以向國會要求宣戰權或進一步發出威脅，同樣會有助於塑造一個強有力的政治形象。然而當照會發到美國駐英國大使館後，駐英大使托馬斯·貝阿德卻不甚積極。此人在任國務卿時雖然試圖干涉這一爭端，但後來對盎格魯—撒克遜傳統越來越青睞，對委內瑞拉的政治風格卻表示反感。在 1893 年任美國駐英大使後，[33] 他轉而成為主張英美友好的主要人物之一。所以在整個爭端過程中，貝阿德作為大使在執行國務院的政策方面經常是打折扣的。收到奧爾尼的照會後近半個月，貝阿德才將照會的副本遞交給英國首相兼外交大臣索爾茲伯里，而索爾茲伯里只是簡單地瞟了一眼，回答說如此精心準備的一份聲明是不能很快答覆的，[34] 結果就

將此事擱置起來了，而且一拖就是四個月。

英美正面交鋒

動用國內政治程序來處理外交事務是美國外交的一大特色。美國對英委邊界爭端的干預立場早期就是通過國會決議而不是國務院的照會來體現的，而到 1895 年下半年爭端升級時，美國又以總統向國會發表國情咨文這一形式，一下子把危機推到了頂點。

危機升級和索爾茲伯里的回覆

1895 年 7 月 20 日的照會遞交後，國務卿奧爾尼就不斷催促英國方面回覆，但英國政府一直遲遲未動。這一照會本來是嚴格保密的，在美國國務院也僅有少數幾個人知道。但到了 10 月，有關照會的一些信息還是泄露了出去，引起報界的極大興趣，尤其是奧爾尼要求英國在 12 月之前答覆，被誤傳為美國提出「為期 90 天的最後通牒」。正當兩國報紙開始就此事進一步爭吵時，英國向委內瑞拉突然發出了一份限期三個月的最後通牒。

表面上看，該通牒與邊界爭端並沒有直接聯繫。早在 1895 年 1 月，委內瑞拉在爭議區內靠近英屬圭亞那的地方扣押了兩名英國軍官和六名警察，此事一直懸而未決。索爾茲伯里政府上台後，英國立場一下子強硬起來，並要求賠償 1,500 英鎊。到 10 月，英國政府突然提出最後通牒，要求委內瑞拉政府三個月內作出答覆，否則英國將採取「其他措施直到獲得滿意的答覆」。與此同時，英國外交部又迅速向美國作出保證，稱該最後通牒「無論如何都與邊界爭端無關」。[35] 但無論英國政府的本意如何，這一行動都是對委內

瑞拉的敲打，而且「規避而非挑戰了門羅主義」。兩國的報紙也馬上將這一行動解讀為邊界危機的升級，而且都使用了比較激烈的語言，如《紐約論壇報》就將其形容為對美國「迎面一個耳光」，英國《泰晤士報》則稱讚「索爾茲伯里勳爵的這一最後通牒來得非常及時」，代表英國帝國主義激進派的《聖詹姆士報》更是直言不諱地要求「美國最好和英國一起讓這些西班牙─印第安野蠻人守規矩」。[36] 美國的政客們對此更是作出了強烈反應。最主要的幾個好戰派人物──參議員亨利·卡伯特·洛奇、助理海軍部長西奧多·羅斯福等人都向報界發出強硬評論。洛奇本人還在一封私信中寫道：「如果我們讓英國以索要賠償的名義，實際卻為了領土而入侵委內瑞拉，就像在科林托事件中一樣，那我們在美洲的主宰地位就完結了。」[37] 在著名期刊《北美評論》上，共和黨的兩名眾議員聯合發表了〈我們在委內瑞拉的責任〉一文，明確宣稱對於英國在美洲擴大殖民地的行為，「無論通過條約，還是購買、征服或是像它對付委內瑞拉的那種隱蔽蠶食，美國人民都會運用全部的力量來抵制」，而門羅主義「必須被接受為國際法的原則」。[38]

正是在這樣的一種氛圍之下，美國政府終於收到了英國首相索爾茲伯里的回覆照會，但在時間上已經出現了問題。英國外交部將回覆副本送到美國駐英大使館是在 11 月 26 日，即在奧爾尼所要求的時間期限之前，並於 27 日將回覆正本由海路送往華盛頓。但美國大使館卻不知出於何種考慮，既沒有向華盛頓發電報，更沒有告知大致內容。[39] 結果總統克利夫蘭於 12 月 2 日向國會發表年度諮文時，只能坦言沒有收到英國政府的回覆，而國務卿奧爾尼則到 12 月 6 日才收到由海路送來的回覆正本。

從外交文獻的角度來看，索爾茲伯里長達十多頁的回覆無疑

是非常犀利的，既體現了一名老牌政治家的份量，又帶有老牌帝國的傲慢。其內容主要分為兩部分：一是關於門羅主義，二是關於英委邊界爭端。索爾茲伯里先退一步，承認「門羅主義必須得到尊重，因為它由一個偉大的政治家提出，被一個偉大的國家所採納」。但他話鋒一轉，馬上又指出「國際法建立在各國同意的基礎之上。因此無論多偉大的政治家、多強大的國家都不能將一條新奇的、從未被其他任何國家政府接受過的原則加入國際法的準則中」。這樣就徹底否定了門羅主義作為國際法的有效性。他還非常聰明地指出，奧爾尼「創造性的想法實際上使美國成為拉美國家的保護者」，而具有「智慧和遠見」的門羅一定會強烈地反對這一點。至於奧爾尼提出的涉及美國的「尊嚴和利益」，索爾茲伯里則針鋒相對地指出這些超出了傳統的門羅主義的範疇，並要求美國說明到底是甚麼樣的利益，還挪揄美國不能「僅僅因為它們地處西半球」就說這些獨立國家同自己利益攸關。在關於英屬圭亞那與委內瑞拉的邊界爭端仲裁問題上，索爾茲伯里明確指出英委爭端與「任何其他國家的實際利益沒有直接關係」，並舉了一系列歷史事實，基本駁倒了奧爾尼照會中關於英委邊界的說法。他還用一種嘲諷的語氣寫道：「有理由問一下，如果墨西哥政府因為大片土地被美國奪走而要求另一個大國進行仲裁，奧爾尼先生是否會同意？」[40]

克利夫蘭總統諮文與危機頂點

在拖延了如此長時間後，美國收到的卻是這樣一份回覆。克利夫蘭和奧爾尼的憤怒心情可想而知。克利夫蘭寫道：如果「偉大的門羅主義……只是一種我們用來自娛的玩意」，那麼美國就非常可悲了。作為回應，奧爾尼馬上起草了一份總統對國會的特別諮

文。12 月 15 日，克利夫蘭在回到華盛頓後當晚，就會同奧爾尼和陸軍部長丹尼爾・拉蒙特（Daniel S. Lamont）商量，而後又獨自一人花了幾乎一整夜時間推敲和修改奧爾尼起草的諮文。這份修改過的諮文在 17 日早晨向內閣宣讀，卻根本不要求任何修改建議，18日下午就直接送到國會。

克利夫蘭的諮文一開始就是為門羅主義辯護，用的語言比較意識形態化，有意張揚一種道德優越感，對真正的邏輯和道理實際上不感興趣。諮文宣稱，門羅主義是「強大而堅實的，因為它對我們的和平與國家安全很重要，對我們自由體制的完整，對保持我們獨特的政府組織形式很關鍵」，這樣的原則「只要我們的共和國存在就不可能過時」。關於門羅主義是否屬於國際法的問題，諮文並沒有正面回答，而是提出「每個國家應保護自己的權利，這是國際法原則的理論基礎，門羅主義與之相符」。[41] 在實質性問題 —— 委內瑞拉邊界爭端上，諮文提出美國要成立專門的委員會來調查邊界爭端。這裏需要指出的是，奧爾尼起草的文件與克利夫蘭修改後的文本有一定差異。在奧爾尼的草稿中是這樣寫的：「當此種（調查）報告完成並被接受後，本政府有責任告知英帝國邊界線已經確定，英帝國任何超越該線來侵佔領土或擴展司法管轄權的行為（得到委內瑞拉同意的除外）將被視為蓄意侵犯本政府決心保護與保衛之權利和利益，本政府將採取相應行動。」而克利夫蘭的修改稿則是：「當此種調查報告完成並被接受後，依我之見，美國有責任使用任何可能的手段來抵抗對其權利和利益的蓄意侵犯。英帝國侵吞或將任何司法管轄權擴展到我們經調查決定屬於委內瑞拉的任何領土，都屬於這種侵犯。」最後克利夫蘭還加上一句：「在作出這些建議時，我充分認識到將因此而帶來的責任，以及可能造成的後

果。」[42] 可以看出，克利夫蘭修改過的稿子在具體的尺度上更含糊一些，但語氣上明顯更加強烈，已經接近於戰爭威脅。但有一點值得關注，那就是克利夫蘭在總統諮文中高調發出威脅的同時，也留下了處理問題的「安全閥門」，尤其是成立委員會來調查邊界問題需要相當一段時間，而且很有彈性。這就為外交談判留出了充裕時間，對此英國外交部和索爾茲伯里自然會加以注意。

不過，一般公眾和政客不可能看到這種外交上的細膩之處。在絕大多數人看來，克利夫蘭諮文是美國這個崛起大國對英帝國的一次公開的、直接的挑戰。英美兩國國內一下子群情激昂，危機也被推到了頂點。在英國方面，當克利夫蘭的諮文傳到後，輿論一片嘩然。一般來說，英國的自由主義報紙傾向於將英國在國外的麻煩歸咎於國內的帝國主義者，認為爭端肯定是英國竊取委內瑞拉的領土所引起的。但即使如此，像《每日新聞報》這樣正統的自由主義報紙也認為美國關於門羅主義的解釋是「無法容忍的」。其他的報紙更加激動，如《泰晤士報》就稱，美國的行為是「駭人聽聞的、侮辱性的」，《每日電訊報》也稱美國的說法「完全無法接受」。[43]

美國人的情緒則更加激動。克利夫蘭的諮文在國會獲得了參眾兩院的熱烈鼓掌（參議院按傳統是不允許鼓掌的）。報紙也跨越了黨派之見，一片叫好。愛國熱情和好戰熱情在美國民眾中同時被激發出來，很多參加過內戰的老兵紛紛向陸軍部寫信請戰，甚至一些商會中的僱員都穿上了獨立戰爭的軍服上街遊行，並敲打平底鍋，高唱愛國主義歌曲。按歷史學家歐內斯特·梅的話來說，「在整個國家，很多人把克利夫蘭的聲明看成是冬天裏的 7 月 4 日（美國國慶節）[44]」。一些傳統上就以反英著稱的群體（如愛爾蘭裔美國人）更是倍感振奮，「全國愛爾蘭人聯盟」甚至要求提供十萬人

以征服加拿大。一時間，美國到處都在談論與英國的戰爭。英國駐美大使龐斯富特向首相索爾茲伯里報告稱：「國會和整個美國都被這一好戰的諮文帶入了極度興奮的狀態……這種狀態只能被稱為歇斯底里。」[45] 一時間，英美這兩個盎格魯—撒克遜大國似乎走到了戰爭的邊緣。

國內情緒的轉折

也許是出於民族自豪感，美國歷史學家傾向於把索爾茲伯里形容為「低估」美國的關切和決心，因此面對美國人「急於求戰」的局面感到「莫名其妙」。[46] 不過，這顯然與事實相去甚遠。

面對群情激昂的美英兩國公眾，英國政府保持了冷靜，尤其是首相兼外交大臣索爾茲伯里。此前他已經兩度出任英國首相兼外交大臣，一次出任外交大臣。早在 1880 年代，索爾茲伯里作為首相兼外交大臣就與克利夫蘭打過交道，當時美國與加拿大之間漁業爭端激化，時任美國總統的克利夫蘭在國內壓力下採取了反守為攻的策略——宣佈要與英帝國展開一場經濟戰，結果國內反對派退縮，漁業糾紛也得到了順利解決。索爾茲伯里對此事一直印象深刻，很可能認為克利夫蘭在委內瑞拉問題上也使用同樣的戰術。另外，作為一個現實主義政治家，他相信實力對比。當時英美在軍事力量（主要是海軍力量）方面仍處於明顯的不平衡狀態。美國比較先進的大型軍艦只有一艘一級主力艦、一艘裝甲巡洋艦，兩艘二級主力艦還在建造中。而英國擁有 16 艘最先進的裝甲巡洋艦，主力艦則超過 36 艘。[47] 所以，索爾茲伯里不認為美國會在這種不利的情況下貿然開戰。還有，索爾茲伯里的政治定力從來都是極強的，即使在與俾斯麥這樣的外交大師的反復對陣中也沒有慌

亂過，從而也沒有怎麼失過分。因此，在委內瑞拉危機的頂峰時期，他的對應方式仍體現其一貫風格。當英國海軍大臣喬治·戈申（George Joachim Goschen）要求部分艦隊進行臨戰準備時，索爾茲伯里很不以為然，並向其保證整個事件會自然地平息下去。在給英國女皇的電報中，他同樣強調克利夫蘭的諮文並非意味着戰爭：「給我的印象是，如果我們保持平靜，（美國人的）這種情緒將慢慢消失。」[48] 索爾茲伯里甚至拒絕馬上召開內閣會議來商討此事，他的理由是這麼做只會引起國內緊張，結果英國政府內閣遲至 1896 年 1 月的第二週才開會。

在這段時間裏，美國的輿論確實發生了很大變化。在最初的一片愛國狂熱和戰爭狂熱中，美國商界，特別是金融界的一些人士卻開始擔心這種狂熱可能造成的經濟後果。紐約商會前主席查理·史密斯（Charles Stewart Smith）得知照會內容後就極為憤怒，認為克利夫蘭的行動「如果按法律追究的話……將會成為一項世紀罪行，僅次於向薩姆特要塞[49] 開火」，並試圖馬上召集紐約商會的特別會議來譴責總統的行動。國務卿奧爾尼的弟弟彼得·奧爾尼也從紐約來信，稱紐約的大銀行家和大商人中「有一股指責（諮文）的潛流」。[50] 在另一個金融重鎮波士頓，一些金融家也持同樣觀點。新英格蘭自由貿易協會和波士頓證券交易所的幾個頭面人物就通過決議並向總統遞交請願書，反對與英國交惡。一位兼任波士頓一家大保險公司總裁的著名經濟學家在接受記者採訪時可能過於激動，連說：「這件事可笑！可笑！可笑！」據說他每喊一個「可笑」聲音就提高一度，直至嘶啞。[51] 金融市場的反應說明這部分人的擔心不是杞人憂天。紐約證券市場在 17 日諮文發出的當天出現短暫的恐慌性下跌，但很快企穩。不過到了 12 月 20 日，英國投資者的

大量拋售終於觸發了金融市場的暴跌，紐約證券市場遭到重挫，損失達 1.7 億美元（這在當時是一個天文數字），五家公司因此倒閉，貸款利率在幾個小時內上漲了 80%，同時還有價值 340 萬美元的黃金流出美國，[52] 使本已緊張的美國黃金儲備雪上加霜。所以，發表委內瑞拉問題的諮文僅三天後，克利夫蘭就不得不再對國會發表一篇總統諮文，主題則變成了如何應對災難性的金融局勢。

　　1 月 20 日的紐約證券市場重挫最後由於美國本土買家的接盤而得到遏制，從歷史的眼光來看，這確實是美國資本成長起來的一個標誌性事件。但從當時危機處理的角度看，美國報紙所宣揚的「美國金融有能力照顧自己」並沒有太多的說服力，這場嚴重的金融動盪使很多人，特別是商界人士看到一旦真的與英國開戰會帶來甚麼後果。《華爾街日報》宣稱，美國金融界普遍認為政府「犯下了大錯」。[53] 不少地方的商會也開始轉變態度，像紐約、波士頓、費城等地的商會則開始公開反對總統。這種局面當然使克利夫蘭很洩氣，在一封信中他寫道：「那些讚揚和吹捧我的人……一旦我對國家的職責使我打斷了他們的賺錢計劃時就馬上轉而指責我，沒有甚麼事情比這更傷害我了。」[54]

　　實際上，這種轉變絕不局限於商界。對於大眾來說，抽象的愛國和戰爭往往能激發起巨大的熱情，但真正的戰爭危險臨頭卻是另外一回事，尤其是一場代價可能十分高昂的戰爭。美國有幾份好戰派報紙一直高調反英，但諮文發表幾天後，這些報紙卻好像被民眾的好戰熱情和美英戰爭前景所震驚，轉而呼籲冷靜處理與英國的關係。著名的沙文主義報紙、約瑟夫、普利策（Joseph Pulitzer）的《紐約世界報》更是一變其強硬風格，公開要求和平解決爭端。美國的新教團體同樣經歷了這種戲劇性的轉變。在克利夫蘭諮文剛發

表時，美國各新教團體普遍表示積極支持，但幾天以後就開始轉而呼籲和平、妥協與和解。其中，新教聖公會和不少新教團體本來就是親英的，風向轉變後很快又回到了原來的立場，一場有 300 萬人參加的新教團體集會上甚至還同時打出了英美兩國的國旗。而在諮文發表幾週以後，絕大多數新教團體都已經轉變立場，原先支持總統諮文的宗教報紙中只剩下兩家還在表示支持。一位宣稱「美國將舉國團結迎接戰爭」的編輯在 12 月 26 日寫道：「戰爭似乎已經過去了。教會再次證明他們是要求和平解決的一支力量。」[55] 在美國的知識界，很多人也不贊同克利夫蘭的做法。美國著名哲學家威廉・詹姆斯（William James）在一封信中憤怒地寫道：「克利夫蘭明確地暗示戰爭，這就犯下了我所見過的最大的政治罪行。」[56] 美國大學中的教授和學生也越來越多地開始表示反對，很多大學出現了大規模的學生集會，要求在講英語的兩個大國之間實現和平。

在這種情況下，一些好戰派的領軍人物仍在堅持。西奧多・羅斯福稱：「真心希望我國人民的情緒不要有任何消退。我不在乎我們的沿海城市會不會遭到炮擊；我們將攻下加拿大。」[57] 參議員洛奇在國會講演時，還要求關注英國在加拿大和加勒比海地區加固軍事要塞的情況，從而努力給公眾造成一種英國打算「包圍美國」的印象。[58] 但像他們這樣的畢竟是少數，克利夫蘭總統重要的政治盟友、來自得克薩斯州的民主黨參議員羅傑・米爾斯告誡說：「總統先生，我們捲入與英國的衝突可不是一場兒戲。」[59] 而對總統克利夫蘭來說，這一點不需要任何人來提醒，因為與英國的戰爭從一開始就不在他的考慮之列。到 1895 年 12 月底，美國國內形勢的發展變化明顯超出了他的預期，對英國的「戰爭邊緣政策」不僅沒有爭取到多少國內反對派的支持（銀本位主義者、保護關稅主義者等

在國內問題上完全沒有妥協的跡象），相反，自身陣營中卻出現了嚴重不滿。在這種情況下，克利夫蘭一方面被迫聲明他在這場危機中「不存在任何國內動機」，另一方面，他和奧爾尼不得不對整個危機處理的政策進行緊急調整，立即開始追求一個體面、和平的解決方式。

危機的解決

克魯格電報事件

美國國內情緒的轉變，為危機解決創造了最關鍵的條件。因為相比較而言，英國國內輿論雖然同樣激動，但公眾情緒中似乎更多的是驚愕，而不是憤怒，更談不上好戰。1896 年 1 月 3 日，德皇威廉二世給南非布爾人共和國德蘭士瓦總統克魯格發了一封賀電，祝賀他挫敗了英國人的武裝襲擊。這一著名的「克魯格電報」給了英美兩國一個下台階的好機會，使危機迅速從頂點進入平穩的解決階段。

對於英國來說，德國皇帝的愚蠢行為是繼克利夫蘭諮文之後的又一次強烈刺激，同時也是一次很好的出氣機會。因為對於美國的行為，英國社會多多少少還有忍氣吞聲的一面，但這種憤懣情緒是需要發泄的。而此時跳出來的德國，既不具有所謂盎格魯－撒克遜的共同紐帶，又沒有美國那樣強大的實力，所以英國完全可以無所顧慮地反擊。殖民地事務大臣張伯倫深諳這一點，在 1 月 4 日給首相索爾茲伯里的信中寫道：「對哪一個敵人進行反擊是無關緊要的，要緊的是我們應該對其中的某一個進行反擊。」而在他提出的四條建議中，與美國和解無疑是最具有傾向性的選項。[60] 這樣，

戲劇性的一幕就出現了。在英國，憤怒情緒毫無保留地向德國宣洩，各家報刊異口同聲地譴責德國，居住在倫敦東區的英國碼頭工人攻擊德國工人和水手，德國商店被砸，德國商人的貿易活動到處受到抵制，連德國駐英大使哈茲菲爾德也收到了不少恐嚇信。在美國，則出現了不少同情英國、反對德國的言論，要求實現英美和平的主張一下子變得更有市場了。

面對這種情況，英美兩國政府都暗自鬆了一口氣。1月9日，索爾茲伯里向維多利亞女皇保證，美國人已經從原先「極端的立場」後退。[61] 1月15日，索爾茲伯里的外甥、下議院多數黨領袖阿瑟·貝爾福（Arthur Balfour）在曼徹斯特的演說中，公開宣稱期待能夠確立一種原則，確保兩個「講英語的國家間不可能爆發戰」。第二天《泰晤士報》就刊登了這一講稿，在英美兩國都引起了很大反響。而當美國報業大亨普利策的《紐約世界報》向英國上層社會徵集主張英美和平的觀點時，坎特伯雷大主教、倫敦主教、自由黨前首相羅斯伯里等重要人物都予以了響應，甚至威爾士親王（後來的國皇愛德華七世）和約克公爵（後來的喬治五世）都作了積極的答覆。[62] 殖民地事務大臣張伯倫在這些和平要求上又更進一步，提出要與美國達成一項綜合性的仲裁條約，以便解決所有類似的分歧。

在這樣的氛圍下，英國首相索爾茲伯里終於在1月12日召開了內閣會議，正式討論解決委內瑞拉邊界危機。索爾茲伯里原先堅持「朔姆布爾克線」以東的地區不可談判，此時立場也略有靈活，只是堅持有英國人居住的地區不可談判，並強調英國不能在美國的壓力面前無條件後退。內閣會議最後決定對美國提出三點方案：（一）召開國際會議以討論門羅主義是否具備國際法效力；（二）對

委內瑞拉—英屬圭亞那邊界爭端是否適用門羅主義進行仲裁；（三）成立邊界委員會或仲裁委員會來決定英屬圭亞那和委內瑞拉之間無人定居的地區，有英國人居住的地區則免於仲裁。[63] 在美國方面，1896 年 1 月委內瑞拉邊界爭端調查委員會成立，但國務卿奧爾尼的立場開始變得靈活起來。他先是阻止了參議院外交關係委員會提出一項要求實踐門羅主義的動議，同時又與來自各種渠道的英國代表進行接觸，兩國談判就此開始。

邊界問題談判

　　大約從 1896 年 1 月開始，英美拋開正式的外交渠道，進行了一系列「非正式外交」。比如英國方面曾派出記者亨利·諾曼（Henry Norman）前往美國與奧爾尼接觸，並傳回兩條重要信息：一是美國願意在委內瑞拉邊界爭端調查委員會中加入英國政府的成員；二是美國希望達成一項廣泛的仲裁條約。英國著名化學家普萊費爾（Lyon Playfair）也作為首相索爾茲伯里的中間人與美國駐英大使貝阿德溝通，向美方傳達了英國內閣會議的三條建議。在美國方面，國務卿奧爾尼通過資深美國記者、著名的親英派人士喬治·斯莫利（George W. Smalley）與英國首相索爾茲伯里接觸。[64] 在這一「非正式外交」階段，奧爾尼非常明智地拒絕了英國政府的前兩項建議，從而把談判的焦點集中到邊界爭端的仲裁問題上。他堅持要求將所有的爭議地區都列入仲裁，而索爾茲伯里則堅決要求讓所有英國人定居的地區免於仲裁，在給張伯倫的信中，他還強調：「我們是爭奪人而不是爭奪土地！〔我們的爭奪〕是為了那些定居者的權利，是我們鼓勵他們在那裏投入大量資產並將自己的未來繫之於此，而不僅僅是為了領土擴張。這樣的一個立場對國內的人民和

對殖民地的英國人都有吸引力。這樣的立場在任何情況下都有堅實的理由，我不相信美國會反對。」[65] 於是雙方就出現了僵局。在「非正式外交」缺乏進展的情況下，索爾茲伯里開始讓英國駐美大使龐斯富特與奧爾尼直接接觸，從而開始了正式的外交談判階段。

正式談判同樣沒能打破僵局。美國國務卿奧爾尼此時已經風格一變，完全成為一個職業外交家而不是純粹的政客，在漫長的談判中表現出了足夠的耐心和靈活，而且從未以中止談判相威脅。但是，他畢竟希望此事盡快了結。4月時，他寫信質問龐斯富特大使：「英國外交部是否已經不再關注委內瑞拉邊界問題的談判了？」[66] 而索爾茲伯里則一點也不着急，還宣稱「在外交家所有的關鍵品質中，耐心是最具有永恒價值的」。[67] 實際上，這種「快」與「慢」之爭絕非僅僅因為奧爾尼和索爾茲伯里兩人風格的差別，更重要的是兩國所處情勢不同。對美國來說，英國已經在自己的壓力面前退縮，門羅主義得到了強化，但不利因素也在顯現：（一）國內情緒已經發生變化，要求與英國和解的呼聲高漲；（二）1896年下半年將舉行總統大選，克利夫蘭不可能連任，留給這屆政府處理危機的時間不多；（三）古巴於1895年爆發革命且局勢日益嚴重，正在牽扯美國越來越多的精力。而對英國來說，同意將爭端提交仲裁本身就意味着準備接受美國對西半球的主宰地位，是對門羅主義的一次間接承認。索爾茲伯里對這一點非常清楚。他在議會中就公開談到，美國的利益不需要用門羅主義來強調，因為看一下委內瑞拉在加勒比海的位置就知道，它對美國的重要性不亞於荷蘭、比利時對英國的重要性。[68] 所以，英國既然讓出了「大勢」，自然要在具體的局部利益上盡量爭取，而時間拖得越長，美國政府在具體問題上讓步的可能性就越大。

到 1896 年 7 月中旬，美國政府果然鬆口。奧爾尼表示同意將英國人的定居地排除在仲裁之外，但指出定居地的標準必須是定居 60 年以上，遠遠高於英國方面提出的五年。不過，這一進展對英國來說畢竟是一種鼓舞。到 9 月，殖民地事務大臣張伯倫親赴美國進行談判，最後奧爾尼同意將定居地標準降到 50 年。11 月，兩國達成協議，規定將成立仲裁法庭來確定邊界問題，而法庭成員則由美國最高法院、英國最高法院各出兩名，第五人將由這四名成員共同選擇，或者由瑞典（或挪威）國皇選擇。同時，協議還規定，50 年以上的英國人定居地免於仲裁，50 年以下的定居地則在仲裁時酌情考慮。值得注意的是，危機的另一個主角，或者說當事國 —— 委內瑞拉根本都沒有提及。實際上，整個危機的發展過程對英美兩國來說可能有點輕喜劇色彩的話，那麼對於委內瑞拉這個小國來說則完全是一場悲劇了。委內瑞拉為將美國拉入爭端費了不少心力，但到後期完全被美國拋開，甚至克利夫蘭諮文，委內瑞拉政府都是第二天從報紙上才得知的。更有意思的是，1896 年 1 月，英國還曾建議吸收一名委內瑞拉代表進入仲裁機制，結果被奧爾尼否定。在英美的正式談判過程中，奧爾尼也根本不讓委內瑞拉參加，還明確指示與委內瑞拉「用不着每一步都商量」[69]。

得知協定內容以後，委內瑞拉全國上下自然極為激憤，還爆發了大規模騷亂。面對這種情況，英美兩國作了一點小小的讓步，即由委內瑞拉政府選擇一名仲裁法庭成員（但不允許是委內瑞拉人），美國選擇的成員則相應減少一名。最終，委內瑞拉政府選擇的是美國首席大法官梅爾維爾·富勒（Melville W. Fuller），[70] 而在該法庭後來舉行的所有會議中，委內瑞拉方面又全部由美國人代表，其中包括前任海軍部長特雷西和前總統哈里森。這樣一個法庭

的裁決可想而知：委內瑞拉除了保留奧里諾科河河口地區外，基本上將爭議區全部劃給了英屬圭亞那。

英美仲裁條約

與邊界問題談判相並行的，還有英美仲裁條約的談判。所謂英美仲裁條約，就是通過一項綜合性的條約，規定英美兩國必須以仲裁方式解決彼此間所有的爭端和糾紛，從而保證兩個盎格魯—撒克遜大國之間不會發生戰爭。它本身並不是一個新建議，英美兩國國內都有一些和平團體在鼓吹此事。隨着委內瑞拉危機的發展，特別是 1896 年 1 月底兩國國內情緒發生轉折後，以仲裁條約「永遠消除英美戰爭可能性」的想法突然變得有吸引力起來。

在政府層面，英國殖民地事務大臣張伯倫首先提出了這一建議。他認為，既然美國希望將委內瑞拉邊界問題提交仲裁，那麼英美乾脆簽訂一個涉及面非常廣泛的仲裁條約，將仲裁這種解決分歧的模式運用到兩國關係的所有領域。而首相兼外交大臣索爾茲伯里本來並不喜歡仲裁，更不喜歡這種頗有理想主義色彩的「一攬子解決」，但他非常清楚，對英國來說，英美仲裁條約實際上就是英美中立條約，換言之，美國將不可能在戰爭中加入另一個大國來反對英國。這樣的話，英國可以集中精力應付德國或其他歐洲大國的挑戰。所以，他也表示同意。結果受到鼓舞的張伯倫走得更遠，一下子又開始鼓吹英美聯合。1896 年 1 月底，張伯倫在伯明翰的一次著名演講中公開表示，要「滿懷喜悅地期待星條旗和米字旗一起飄揚，以捍衛人道和正義的共同事業」。[71] 他甚至都已經想好了這種英美聯合的具體用處，即針對近東的亞美尼亞問題：「如果美國人與我們站在一起，那我們就不用怕來自法國或俄國的干預 —— 他

們不敢向兩個聯合起來的盎格魯—撒克遜國家挑釁。」[72]

美國對介入遙遠的亞美尼亞問題當然沒有興趣。美國國務卿奧爾尼迴避了張伯倫關於英美聯合的建議，但這並不意味着他對英美聯合沒有想法。1896 年 9 月，他在給張伯倫的信中明確表示，既然英國已經承認美國在西半球的權利，美國人希望「與英國肩並肩地站在一起」。[73] 只是作為一位美國政治家，奧爾尼清楚地知道這一步邁得過大，不具備可行性，因此他轉而將大量精力傾注到仲裁條約一事上。他親自對草案的大量細節進行反復修改，同時又積極組織對國會進行遊說。在美國國內，支持簽訂仲裁條約的呼聲很高。其中美國法律界對簽訂仲裁條約尤其熱情高漲，像紐約律師協會就呼籲「所有英語國家的律師協會都聯合起來」，以形成一份旨在實現永久仲裁法庭的法律計劃。[74] 最高法院首席大法官富勒還親自在華盛頓召集全國性的聲援大會，各城市的知名律師都前往表示支持。商界對此事也非常感興趣，紐約、費城和芝加哥等主要城市的商會各自成立了推動仲裁條約的特別委員會，另有 30 多個工商業組織向國會呼籲簽訂英美仲裁條約。在學界，很多著名知識分子也發表文章表示支持，像哈佛大學、哥倫比亞大學、賓夕法尼亞大學、西北大學、密歇根大學和加利福尼亞大學等大學的校長公開呼籲支持簽訂英美仲裁條約。而在有些地方，支持仲裁的行動甚至進入了政治程序。比如紐約州議會就有一位眾議員提交議案支持英美仲裁，結果州議會的參眾兩院均出乎意料地通過，更具象徵意義的是，傳統上以反英著稱的愛爾蘭裔議員多數都投了棄權票而非反對票。[75] 這顯示出美國政界在該問題上的傾向性也在發生某種變化。

1897 年 1 月，英美之間的仲裁條約終於簽訂。兩國國內對此都是一片歡呼，稱其具有劃時代的意義，即將離任的美國總統克

利夫蘭和即將就任的麥金萊也都表示支持這一條約。但在美國方面，這種熱鬧的表象掩蓋了一些重要問題：第一，英美之間長期的敵視和不信任在危機期間已經發生了戲劇性的轉折，但不敵視是一回事，馬上結成一種在很多人看來是「準聯盟」的關係是另一回事。應該說，美國根深蒂固的孤立主義傳統使多數美國人更願意享受一種不受條約約束的「行動自由」；第二，仲裁條約可能使美國日後在拉美地區運用門羅主義時也要接受仲裁，這與一些美國政客主張門羅主義是「絕對」原則的立場相抵觸；第三，條約生效後，一些外交事務將自動進入仲裁程序，這樣國會在外交事務上的權力就有所減少。而在 1890 年代，外交領域的權力正迅速地從立法部門向行政部門轉移，國會對此已經比較敏感。所以，條約在國會的批准程序進行得非常不順。第一次參議院投票只獲得 20 票，隨後條約文本被迫進行重大修改，但在 1897 年 5 月 5 日的最終投票中，69 名參議員中還有 26 名投了反對票，使贊成票未能達到三分之二的多數。英美仲裁條約這一宏大的設計最終流產。

儘管如此，委內瑞拉危機的影響還是非常深遠的。從本質上看，危機屬於美英「崛起－霸權」矛盾的總爆發，或者說是兩個大國之間的一次外交攤牌。由於各種必然因素和偶然因素，危機戲劇性地出現轉折並最終和平結束。這種轉折的內涵遠遠超出了危機本身，實際上是英美關係發展的總轉折，是英美長達一個多世紀的敵對關係的結束，是兩國走向兩次世界大戰中的同盟和今天英美「特殊關係」的第一步。通過這場危機，英國徹底默認了美國對西半球的主宰，從而掃除了英美關係中最主要的障礙，而美國也從中意識到英美和解的必要性。英美兩國國內對仲裁條約爆發出的熱情雖然沒能產生具體的結果，但無疑進一步加強了兩國共同的文化紐

帶，為英美兩國關係的拉近鋪平了道路。

對美國來說，這場危機的意義更大一些。委內瑞拉危機是美國最後一次需要冒着戰爭風險來宣示門羅主義，也是最後一次與歐洲大國在美洲大張旗鼓地正面對抗。此後，美國在西半球的霸權地位完全確立。更重要的是，英國這一潛在的敵對方迅速轉變成一個潛在的合作者，美國崛起過程中最大的外部威脅就此消除了。可以說，從委內瑞拉危機以後，美國的崛起已經無可阻擋，一個新型帝國的建立只是時間問題和方式問題。

註釋

1   Aaron L. Friedberg, *The Weary Titan: Britain and the Experience of Relative Decline 1895-1905* (Princeton, N.J. : Princeton University Press, 2020), p.26, 70.

2   William L. Langer, *The Diplomacy of Imperialism 1890-1902* vol.1 (N.Y. & London: Alfred A. Knopf, 1935), p.72.

3   Arthur J. Marder, *The Anatomy of British Sea Power* (N.Y. & London: Alfred A. Knopf, 1940), pp.120-121.

4   William L. Langer, *The Franco-Russia Alliance 1890-1894* (Cambridge: Harvard University Press, 1929), pp.360-362.

5   Arthur J. Marder, *The Anatomy of British Sea Power*, pp.159-160.

6   這裏的「帝國主義時期」並不是列寧所說的壟斷資本主義時期,而是指歐洲列強熱衷於海外擴張、攫取殖民地的階段。19 世紀末盛行的帝國主義實際上是殖民主義、民族主義、種族主義、社會達爾文主義等多種思潮的混合,除了從經濟角度強調爭奪殖民地的必要性,還鼓吹殖民擴張是國家之間「生存競爭」與「適者生存」等「永久法則」的反映。見 William L. Langer, *The Diplomacy of Imperialism 1890-1902* vol.1, pp.86-89。

7   〔英〕A. J. P. 泰勒:《爭奪歐洲霸權的鬥爭 1848 — 1918》,頁 402。「三國干涉還遼」由俄國發起,英國拒絕參加,結果三個大陸國家撇開英國採取了行動,威廉二世還在給德國駐日大使的指示中親筆加上「即使沒有英國參與也必須做」。見 Erich Brandenburg, *From Bismarck to the World War: A History of German Foreign Policy 1870-1914* (Humphrey Milford, London: Oxford University Press, 1927), p.60。

8   印度在這一時期對英國經濟的重要價值超過以往任何時期,英國棉織品 40 至 45% 銷往印度,而英國國際收支的關鍵亦在於印度所提供的盈餘。參見〔英〕艾瑞克‧霍布斯鮑姆著,賈士蘅譯:《帝國的年代》(南京:江蘇人民出版社,1999 年),頁 76。

9   1893 年 7 月 30 日,英國政府收到報告稱法國命令英國戰艦撤出暹

羅領水，英國首相羅斯伯里認為是法國要向英國開戰，馬上向德皇威廉二世遞交一份請求：「法國政府要求我國戰艦撤出仰光。我已拒絕。請求立即與哈茲菲爾德伯爵（德國駐英大使）在倫敦會談。」但第二天證明原先報告不實，只是一場虛驚。

10 George F. Kennan, *American Diplomacy 1900-1950* (Chicago: University of Chicago Press, 1951), p.5.

11 George Monger, *The End of Isolation: British Foreign Policy 1900-1907* (London: Thomas Nelson and Sons Ltd, 1963), p.72.

12 Walter LaFeber, *The New Empire*, p.195.

13 Ibid., pp.227-228.

14 Dexter Perkins, *A History of the Monroe Doctrine* (Boston: Little, Brown and Company, 1963), pp.171-172.

15 Walter LaFeber, *The New Empire*, pp.243-244.

16 Dexter Perkins, *A History of the Monroe Doctrine*, p.173.

17 John A. S. Grenville & George B. Young, *Politics, Strategy and American Diplomacy: Studies in Foreign Policy 1873-1917* (New Haven and London: Yale University Press, 1966), pp.132-133.

18 Ibid., pp.142-145.

19 Dexter Perkins, *A History of the Monroe Doctrine*, p.174.

20 Nelson M. Blake, "Background of Cleveland's Venezuelan Policy," *The American Historical Review* 47.2 (Jan. 1942), p.263.

21 Ibid., p.652.

22 Henry Cabot Lodge, "England, Venezuela, and the Monroe Doctrine," *The North American Review* 160.463 (Jun. 1895), pp.657-658.

23 Walter LaFeber, "The Background of Cleveland's Venezuelan Policy: A Reinterpretation," p.958.

24 Ibid., p.961.

25 Walter LaFeber, *The New Empire*, p.254.

26 Ernest R. May, *Imperial Democracy*, p.39.

27 Nelson M. Blake, "Background of Cleveland's Venezuelan Policy," pp.260-261.

28 R. Hal Williams, *Years of Decision*, p.162.

29 Nelson M. Blake, "Background of Cleveland's Venezuelan Policy," p.269.

30 George B. Young, "Intervention under the Monroe Doctrine: The Olney Corollary," *Political Science Quarterly* 57.2 (June 1942), p.251.

31 Ernest R. May, *Imperial Democracy*, p.40.

32 *Papers Relating to the Foreign Relations of the United States, with the Annual Message of the President*, December 2, 1895, part 1 (Washington D.C.. U.S. Government Printing Office), pp.545-562.

33 1893 年英美外交關係從公使級上升為大使級，貝阿德成為首任駐英大使，英國駐美公使龐斯富特也坐地升官，成為大使。此舉也反映出英國對美外交的重視程度有所上升。

34 Charles S. Campbell, *The Transformation of American Foreign Relations*, p.205.

35 Walter LaFeber, *The New Empire*, p.263.

36 Nelson M. Blake, "Background of Cleveland's Venezuelan Policy," p.271.

37 Ibid., p.271.

38 Joseph Wheeler & Charles H. Grosvenor, "Our Duty in the Venezuelan Crisis," *The North American Review* 61.468 (Nov. 1895), p.629.

39 John A. S. Grenville & George B. Young, *Politics, Strategy and American Diplomacy: Studies in Foreign Policy 1873-1917*, p.166.

40 *Papers Relating to the Foreign Relations of the United States, with the Annual Message of the President*, December 2, 1895, part 1, pp.563-576.

41 Walter LaFeber, *The New Empire*, p.268.

42 Ernest R. May, *Imperial Democracy*, p.42.

43 Dexter Perkins, *A History of the Monroe Doctrine*, p.180.

44 Ernest R. May, *Imperial Democracy*, p.56.

45 Charles S. Campbell, *The Transformation of American Foreign Relations*, pp.209-210.

46 Warren I. Cohen, ed., *The Cambridge History of American Foreign Relations*

vol.2, p.125.

47　Stephen Howarth, *To Shining Sea: a History of the United States Navy 1775-1991* (London: Weidenfeld & Nicolson), p.242.

48　George Earle Buckle. ed., *The Letters of Queen Victoria 1886-1901* (3rd series) vol.2 (London: John Murray, 1931), pp.581-582.

49　薩姆特要塞位於美國南卡羅來納州，1861 年 4 月 12 日，已經退出聯邦的南方軍隊進攻薩姆特要塞，拉開了南北戰爭的序幕。

50　Walter LaFeber, "The American Business Community and Cleveland Venezuelan Message," *The Business History Review* 34.4 (Winter, 1960), p.394.

51　Ibid., p.395.

52　Walter LaFeber, "The American Business Community and Cleveland Venezuelan Message," pp.396-397.

53　Dexter Perkins, *The Monroe Doctrine 1867-1907*, p.197.

54　Ernest R. May, *Imperial Democracy*, p.58.

55　Ibid., p.58.

56　Charles S. Campbell, *The Transformation of American Foreign Relations*, p.210.

57　Warren I. Cohen, ed., *The Cambridge History of American Foreign Relations* vol.2, p.125.

58　Jennie A. Sloan, "Anglo-American Relations and the Venezuelan Boundary Dispute," *The Hispanic American Historical Review* 18.4 (Nov. 1938) p.488.

59　Walter LaFeber, *The New Empire*, p.271.

60　James Louis Garvin & Julian Amery, *The Life of Joseph Chamberlain 1895-1900* vol.3 (London: Macmillan & Co., 1934), pp.95-96.

61　George Earle Buckle, ed., *The Letters of Queen Victoria, 1886-1901* (3rd Series) vol.3 (London: John Murray, 1932), pp.13-14.

62　Dexter Perkins, *A History of the Monroe Doctrine*, p.182.

63　Ernest R. May, *Imperial Democracy*, p.50.

64　Joseph J. Mathews, "Informal Diplomacy in the Venezuelan Crisis of 1896," *The Mississippi Valley Historical Review* 50.2, (Sep. 1963), p.198, 200.

65　Ibid., p.202.

66　Ibid., p.209.

67　Alexander E. Campbell, *Great Britain and the United States, 1895-1903* (London: Greenwood Press, 1974), p.17.

68　Charles S. Campbell, The Transformation of American Foreign Relations, p.214.

69　Walter LaFeber, "The Background of Cleveland's Venezuelan Policy: A Reinterpretation," p.964.

70　四名成員又聯合選擇了一名來自俄國的國際法專家、教授擔任仲裁法庭庭長。

71　Charles S. Campbell, *The Transformation of American Foreign Relations*, pp.212-213.

72　Ernest R. May, *Imperial Democracy*, p.53。這一主張很好地體現了英國人「打不過就入夥」(Beat them or join them)的思路。

73　Walter LaFeber, *The New Empire*, p.317.

74　Jennie A. Sloan, "Anglo-American Relations and the Venezuelan Boundary Dispute," p.496.

75　Ernest R. May, *Imperial Democracy*, pp.62-63.

第四章

建立帝國的戰爭

在一個國家的對外關係中，戰爭作為一種最直接的實力對決、最暴烈的意志宣示，往往被賦予非比尋常的意義，甚至成為區分不同歷史階段的重要坐標。1898 年美國與西班牙的戰爭儘管只是「一場絕妙的小戰爭」（國務卿海約翰語），很多人還是將其視為美國成功崛起的標誌和帝國擴張的關鍵一步。美西戰爭的意義並不僅僅在於從西班牙手中奪取了部分海外領土，更重要的是，戰爭改變了美國國內政治生態，使其能夠順利完成對夏威夷等海外地區的兼併，形成一個「太平洋帝國」。

古巴問題與美國

古巴問題與 1895 年起義

1898 年的美西戰爭主要是由古巴問題引起的，其淵源却可以追溯到半個多世紀之前。古巴是加勒比海中離美國大陸最近、最大的島嶼，也是美國一直試圖攫取的目標。早在美國建國初期，傑斐遜、約翰·昆西·亞當斯等開國元勳們就將其視為美國「天定命運說」的一部分，而且這個「蘋果」遲早會按「政治上的地心引力規律」那樣「落向北美聯邦」。[1] 1850 年代還有三名美國特使前往西班牙要求購買古巴，後因美國國內南北矛盾加劇而作罷。在古巴，當地人民的主要精力集中在擺脫西班牙殖民統治上，並為此不斷進行抗爭。從 1868 到 1878 年，古巴的民族主義者進行了長達十年的起義鬥爭，最終精疲力竭的起義軍放下武器，而西班牙殖民當局則許諾在古巴進行一系列制度改革，給予古巴人更多的自治權力。當然，這些許諾後來基本都沒有兌現。

1890 年，古巴的局勢再一次被搞動起來，不過這次並非因為

　　　　　　　帝國定型：美國的 1890-1900

古巴人和西班牙當局的鬥爭，而是因為美國通過了著名的《麥金萊關稅法》。根據該法中的互惠條款，古巴向美國出口的原糖免稅，極大地刺激了古巴向美國的原糖出口。美國基本上成為古巴唯一的出口市場，對美出口佔古巴出口總額的 90%，對美進口則佔古巴進口總額的 40%。[2] 與此同時，從甘蔗園到糖廠等與原糖生產相關的一系列產業，吸收了大量投資（特別是美國的投資），得到了進一步擴張，成為古巴經濟中最重要的支柱。就在古巴經濟對美國的這種畸形依賴不斷發展時，1894 年美國新的《威爾遜—戈爾曼關稅法》卻突然廢除了關稅互惠條款，並對原料糖徵收 40% 的進口關稅，比 1890 年《麥金萊關稅法》之前的稅率還高出約三分之一。[3] 這樣的貿易條件，使古巴的原糖出口在一年之內猛降30%。[4] 這種大起大落使古巴脆弱的經濟支柱一下子斷裂了，失業率急劇上升，社會矛盾激化，終於在 1895 年再度爆發了反對西班牙殖民統治的起義。這場起義一開始由古巴的民族英雄何塞·馬蒂（José Martí）領導。他長期在美國擔任新聞記者，視野廣闊，對古巴的社會和政治問題有較深的認識，而且能够團結各派起義力量。當他於 1895 年 5 月遭西班牙軍隊伏擊身亡後，他更是成為一種精神象徵，激勵古巴人進行更堅決的鬥爭。

起義最初在貧窮的東部山區爆發，然後逐步向西部富裕地區發展。起義軍的總人數不超過 2.5 萬人，裝備很差，面對人數和武器均佔優勢的西班牙軍隊只能採取化整為零的遊擊戰術，其攻擊對象與其說是殖民軍隊，不如說是古巴的經濟基礎。起義軍往往避免與西班牙軍隊交戰，而是大量地燒毀甘蔗種植園，破壞鐵路和電話線等。西班牙政府一開始打算以優勢兵力迅速取勝，為此向古巴增派了 20 萬人的部隊，還從當地招募了上千人。[5] 但他們很快發

現，在古巴根本沒有正規戰可打，面對起義軍頻繁的侵擾，西班牙軍隊只能疲於奔命。1896 年初，西班牙政府任命外號「屠夫」的巴萊里亞諾·魏勒爾（Valeriano Weyler）將軍擔任古巴總督。他於當年秋天採取了臭名昭著的「再集中」政策，即強迫自然村落的人口集中到西班牙軍隊駐守的城鎮加以統一管理，將原有的村莊推平，宰殺所有牲畜，取走糧食，以斷絕起義軍的供應。這一做法與冷戰時期英軍在馬來亞、美軍在越南的做法頗為類似，但西班牙人的資源更少，組織能力更差。所以，一方面因為殖民當局殘暴對待古巴人，另一方面也因為西班牙人根本沒有能力應對大量人口非正常集中後產生的一系列問題，糧食供應和衛生條件均無法跟上，結果造成大量的古巴人因飢餓和疾病而死。古巴起義鬥爭進入了非常殘酷和艱苦的階段。

美國的反應

美國是古巴起義的主要推手，但這不意味着形勢完全在美國掌控之下。事實上，起義爆發以後，克利夫蘭政府面臨一個比較尷尬的局面。一方面，美國在古巴約有 5,000 萬美元的巨量投資，主要集中在甘蔗種植園經營方面。[6] 這就要求美國政府最好有所干預，以防止這些利益遭受大的損失。另一方面，此時委內瑞拉危機逐步進入高潮，美國正全力與英國交鋒，這又使得穩定與西班牙的關係變得非常重要。作為一種權宜之計，美國政府於 1895 年 6 月發表了中立聲明。[7] 但古巴形勢發展得很快，起義軍的力量進一步壯大，還於當年秋天成立了臨時政府。美國政界開始意識到，西班牙已經不太可能贏得這場戰爭。更重要的是，經過 1895 年底和 1896 年初的戲劇性變化，委內瑞拉危機的頂點已經過去，美英開

始了平穩的談判，美國此時有餘力應對其他方面的問題。

與此同時，美國社會輿論也在發生較大變化。從 1895 年古巴起義爆發開始，一些旅美古巴人（不少已經加入了美國籍）在紐約等大城市成立了專門的委員會（Junta），為古巴起義者募集資金並進行宣傳，爭取更多美國人的同情和支持。在這樣一場宣傳戰中，西班牙先天不利。一方面，西班牙是個衰弱的競爭者，美國人對這樣一個沒落帝國還能佔有如此多的美洲殖民地已經十分不滿，潛意識中希望找到西班牙的一些「惡行」以便名正言順地將其殖民地搶過來；另一方面，天主教徒在西班牙佔絕對多數，而以新教為主體的美國社會當時對天主教有一種天然的敵意和輕視，因而更加傾向於將西班牙描述為落後、僵化的國家。[8] 更何況，西班牙駐美外交機構的行動十分遲緩，根本沒能對古巴委員會的宣傳活動作出任何有效的反應。因此輿論很快就形成了一邊倒的態勢。

到 1896 年「屠夫」魏勒爾將軍成為古巴總督後，西班牙軍隊的暴行越來越多地傳到美國，成為美國報紙增加發行量的絕好素材。像《紐約時報》、約瑟夫·普利策的《紐約世界報》等大報紙盡其所能地利用這些題材，不斷調動美國社會輿論。與此同時，由於古巴委員會從美國走私軍火和其他物資支援古巴起義者，他們與西班牙殖民當局的摩擦也在增加，有不少古巴裔美國公民被西班牙當局逮捕關押。這進一步刺激了美國國內情緒。在這種情況下，美國的政界當然不會放過這一利用民意的機會。像擴張主義的領軍人物、一直鼓吹兼併古巴的參議員洛奇此時就收起了「兼併」、「美國利益」等現實主義的詞彙，轉而大力宣揚「美國對古巴的責任」這類道德主義詞彙。[9] 國務卿奧爾尼在一封給朋友的信中就寫道，很多政客「正在升起船帆……以便搭上輿論的順風」。[10]

於是，美國開始調整對古巴的政策，而國會又衝在了政府前面。1896 年春，美國國會高票通過決議，要求政府承認古巴起義者的交戰權，實際上就是要求合法地向起義者提供各類支援。但總統克利夫蘭考慮的，不僅僅是干預本身，還有干預的最終後果。他堅持認為，美國不需要兼併古巴。既然如此，美國進行干預最終只能讓古巴實現完全的獨立，這在克利夫蘭看來未免顯得可笑。美國政府猶豫再三後，拒絕了國會的要求，但仍於 4 月 4 日向西班牙政府提出了調停建議，稱希望西班牙在古巴進行部分改革，以便與起義者達成和解與和平。這雖然是一個相對折中的做法，但從外交政策的角度看，這標誌着美國在古巴問題上的立場已經發生了調整，開始從最初的「不介入」一步步向干預方向發展。

西班牙對美國可能的干預一直非常擔心，也非常警覺。收到 4 月 4 日美國的調停建議後，西班牙政府拖了兩個月，然後「客客氣氣」地回絕了。這就形成了戰爭爆發前兩國互動的一個基本模式：美國施壓要求改革，西班牙則不願意或根本做不到所要求的改革，然後美國再表示不滿，如此循環往復。不過，西班牙也在試圖尋求幫助。當時歐洲各國，特別是歐洲大陸國家的輿論總體上還是同情西班牙，因此西班牙政府希望借助歐洲國家的力量，以攔阻一下美國可能的介入。1896 年 9 月 3 日，西班牙外交部試圖邀請多個國家共同發表聲明，表示他國無權干預或批評這場戰爭。結果美國馬上作出反應，美駐西班牙公使威脅說，此舉將被美國視為不友好的行動。[11] 西班牙只能退縮。不過此事對美國還是有所觸動。長期以來，歐洲國家借機干涉美洲事務一直是美國最忌憚的事。此時美國雖然已經不害怕任何干涉，但對可能引起的麻煩還是非常警覺的。比如參議員洛奇在一封私人信件中提到美國必須干預並控制古

巴的五大理由（無一涉及人道主義因素，而在公開發表的文章中，人道主義是頭條理由），其中之一就是，如果衝突過於延長，可能招致歐洲列強的干涉。[12] 可以說，這一考慮促使美國政府進一步強化了早作干預的決心。1896 年 10 月，美國海軍部長希拉里‧赫伯特要求海軍在年底之前做好應對準備。到 1896 年 12 月，任期將滿的克利夫蘭向國會發表最後一次總統諮文時就用了很長篇幅談古巴問題，部分言辭已經接近於「干預宣示」：

> 美國與古巴起義之間不可避免的瓜葛、大量受到影響的美國利益和對人道主義的考慮都強烈地要求美國採取某種積極的干預……當所有手段都失敗了的時候，美國就必須介入以中止在古巴的衝突，即使以美國和西班牙的戰爭為代價也在所不惜……當西班牙已經明顯不能成功化解起義的時候，當它對古巴的合法主權已經消失的時候，當為了重建這種主權的無望掙扎已經蛻變為一場生命的無謂犧牲和古巴的徹底毀滅時，我們對西班牙主權的責任就會被更高的職責所取代。在承認並履行這些職責時，我們不應有甚麼遲疑……[13]

這基本上就是下一屆政府對古巴政策的宣言。

麥金萊政府

在 1896 年下半年的總統大選中，共和黨候選人威廉‧麥金萊以明顯優勢擊敗了民主黨候選人威廉‧詹寧斯‧布賴恩。這場選舉對美國國內政治格局的發展具有重要意義，是美國從近代兩黨政治

轉變為現代兩黨政治的轉折點。但從對外政策的角度來說，選舉結果卻更多地體現出延續性。與民主黨候選人布賴恩「錯誤的，甚至是具有革命性質」（馬漢語）的主張相比，共和黨候選人麥金萊與民主黨總統克利夫蘭之間的共同點要多得多，這也保證了美國1890年以來海外擴張的大方向得以在一個新的層次上繼續發展。

新總統，新政府

歷史學家往往把麥金萊稱為「第一位現代美國總統」。這主要是從國內權力結構的角度來說的。美國內戰以後，行政權力與古老的憲政體系之間的內在矛盾進一步凸顯出來，美國政治體制開始了一個重新調試階段。[14] 在這一過程中，總統與國會之間的權力天平一直在向總統的方向傾斜，到麥金萊時期則完成了一個從量變到質變的過程。作為總統，麥金萊非常明確地體現出與大利益集團之間的政治聯繫。早在選舉過程中，麥金萊就得到了大財團、大公司的鼎力支持，僅洛克菲勒和 J. P. 摩根兩家就各自提供了 25 萬美元，最後募集的競選捐助總額達 1,000 萬美元，創下歷史紀錄。[15] 更重要的是，民主黨內部出現分裂，原先不少支持民主黨的東北部金融集團也轉而支持他，這種政治基本盤的變化使他進一步成為大工業企業和大財團的代表。可以說，美國民主制度建立以後，政治人物和利益集團之間的關係從來沒有這麼明確過。在總統與國會的關係中，由於共和黨分別在參議院和眾議院佔有優勢，麥金萊只需通過黨內權力運作就可以基本實現對國會的影響，更何況他與民主黨的上層也形成了某種聯盟關係。因此，一位來自伊利諾伊州的參議員感嘆說：「我們從未有過一位總統能像麥金萊那樣對國會有如此大的影響力。」[16]

麥金萊的這種地位不僅是美國政治格局演變的結果，而且也與他個人的能力與策略有很大關係。麥金萊於 1843 年生於俄亥俄州，是個內戰英雄，1876 年當選為共和黨議員後長期在國會工作，在共和黨內有着深厚的人脈關係。1891 年後他又兩度當選為俄亥俄州州長，從而進一步積累了政治資本。在麥金萊任總統時期，參議院的幾個「大老」清一色都是其以往的政治夥伴，這就使他完全能够運用個人的政治資源，同國會進行有效的溝通和協調。另外，他的權力手腕也非常高超，如果說「北風和太陽比賽使人脫衣」這一古老寓言可以形容權力的話，那麼麥金萊的無疑更像是太陽的方式。他不喜歡蠻幹，而是喜歡慢慢促成一種態勢，讓別人主動替他實現政治目標，自己則表現出一副被動的、迫不得已的樣子。當時一位非常瞭解他的朋友就形容麥金萊是一個「彬彬有禮的強人」，能使人們團結在他周圍並掩蓋他的成功。[17]

　　在內閣組成上，麥金萊的權力運作也非常明顯。其中國務卿一職，他選擇讓美國內戰名將威廉·謝爾曼的弟弟約翰·謝爾曼擔任。約翰·謝爾曼是資深的共和黨參議員，長年供職於參議院對外關係委員會，與洛克菲勒關係甚厚，但此時已經 74 歲，出任國務卿一職明顯年紀偏大，有時記憶力和聽力都會出現一些問題。國務院的很多事情自然落到了助理國務卿威廉·戴（William R. Day）的身上，而戴本人正是麥金萊長期提携的政治人物，對後者唯命是從。這樣一來，麥金萊既可以放手利用謝爾曼的政治資源，又不需要擔心其自行其是。更重要的是，謝爾曼的任職還在參議院騰出了一個議員的位子，正好由 1896 年大選總指揮、共和黨大老馬克·漢納填補，從而進一步加強了麥金萊對國會的影響。其他內閣成員的挑選基本上體現了同樣的思路：有政治資源（或能力）但可以被

控制。比如陸軍部長拉塞爾‧阿爾傑（Russell A. Alger）是中西部的木材業巨頭，年紀同樣偏大且身體不太好，海軍部長約翰‧朗則是麥金萊長期以來的政治夥伴，等等。麥金萊還注重內閣人員的流動性，在兩年時間內將大多數內閣成員（除三個職務外）都更換了一遍。[18] 可以說，麥金萊在內閣人事任命方面將政治資源、行政能力和可控性非常好地結合了起來，形成了一個以他本人為絕對核心的、同時能力又很強的領導班子。用亨利‧亞當斯的話來說，就是麥金萊任命了「非常善於操縱局面的人」，同時他本人「又非常善於操縱這些人」。[19]

這樣，麥金萊政府的特點就可以總結為三個方面：第一，政府幾乎完全圍繞總統本人運轉，總統掌握了每件重大事情的決策權，用國務卿謝爾曼的話來說，就是總統「承擔所有內閣成員，尤其是國務卿的職能」[20]；第二，政府與大利益集團之間的關係非常明確，像約翰‧洛克菲勒、喬治‧普爾曼（George H. Pullman）、J. P. 摩根、弗蘭克‧湯普森（Frank Thompson）等工業巨頭和金融巨頭都與麥金萊有着密切的往來，並在相當程度上影響政府決策；第三，政府與國會的關係也發生了較大改變，原本用來制約行政權力的國會在很多重要事情上卻更像是「落實」總統意圖的助手，這一點在涉及對外政策的參議院表現尤其明顯。總體上看，政府、國會和大利益集團之間的關係越來越像是 CEO 和董事會之間的關係，權力運作也越來越像一個巨型公司，所謂的「公司美國」實際上就是從這一時期開始形成的。

海外貿易擴張與古巴問題

在這樣一屆政府的視野中，古巴問題一開始並不特別突出。

相形之下，重新掌握政府的共和黨更關心幾筆「舊賬」，比如兼併夏威夷（共和黨內的擴張主義者對克利夫蘭總統的阻攔一直耿耿於懷），開鑿地峽運河，等等。但從政府的實際措施來看，麥金萊上台後最關心的還是海外貿易擴張。當時美國的經濟危機還沒有過去，組織風格上像「公司」的麥金萊政府在職能上也更加直接地為大資本服務，在推動美國商品和資本「走出去」方面不遺餘力。政府權力中的關稅、外交、海軍等各種手段都被有效地調動起來，在東亞、拉美等地區形成了一種配合商業擴張的總體政策，使美國工農業的強大產能充分發揮出來，贏得了一次又一次的商業勝利。美國也因此被歷史學家埃米莉·羅森伯格稱為「推銷型國家」（Promotional State）。[21]

在這方面，麥金萊不僅有能力，也有運氣。實際上，在克利夫蘭政府任期的最後半年，美國經濟已經開始有起色。當時的貿易順差比前一年同期增加了一倍以上，而且歐洲國家也減弱了拋售美國國債的力度，美國的黃金終於出現回流，嚴重衰退的趨勢基本得到了遏制。但成績根本還來不及算到克利夫蘭政府頭上，克利夫蘭就於 1897 年 3 月作為最不受歡迎的總統黯然離任。新上任的麥金萊政府則充分把握了經濟的復蘇勢頭，進一步擴大戰果。1897 年，美國出口突破 10 億美元大關，達到歷史最高值，貿易順差則達到 2.86 億美元，而且到下半年就業人數也開始上升。1898年，美國的貿易順差又增加了一倍。[22] 1898 年 1 月，麥金萊總統在美國最有權勢的工商業組織——全國製造商協會的大會上發表演講，充分表現出這種形勢轉折和再接再厲的商業擴張勁頭。在講演中他提到，三年前協會成立時正值經濟嚴重衰退，主要關心的是如何避免損失，而現在的目標卻是「走出去並擁有那些以往從未擁

有的」，他又進一步鼓動說：「你們想要擴展的是生意，而不僅僅是錢財。對於你們先前的打算，我同意；對於你們當前的目標，我是完全支持！」[23] 正是在這樣的情況下，美國政府有餘力來處理古巴問題了。

不過，曠日持久的古巴衝突還是讓麥金萊感到為難。古巴的起義對美國來說本身就是一把雙刃劍。一方面，起義大大削弱了西班牙的殖民統治，從而為美國的取而代之鋪平了道路。這一點無疑為不少美國人，特別是擴張主義者和「金戈主義者」所樂見。另一方面，衝突中受損的畢竟以美國人的資產為主，而且美國與古巴的貿易也大受影響。到 1897 年時，雙邊貿易額從前一年的 4,800 萬美元下降到 2,600 萬美元，僅為 1893 年貿易額的 25%。其中，美國東部的糖加工業受到的打擊尤為嚴重，像糖業巨頭美國糖業加工公司被迫從其他地方進口原料糖，每噸價格比從古巴進口要高 3 至 4 美元。[24] 所以，在是否干涉古巴的問題上，麥金萊政府面臨着兩種不同的壓力，其中主張兼併古巴的擴張主義者和在古巴擁有直接利益的商人和糖業巨頭要求政府早日干涉，甚至主張採取戰爭手段，而東部地區的商業巨頭和金融巨頭們則擔心干涉行動會引發戰爭，打擾其做生意。針對這種局面，麥金萊在形式上保持了折中，公開表示「我們不想進行任何征服戰爭；我們必須抵制擴張領土的誘惑」。[25] 但麥金萊比他的後台大資本家們更加清楚，甚麼樣的解決方式最有利於美國利益，或者說美國資本的利益。在干預古巴的問題上，麥金萊早就下了決心。與麥金萊關係密切的參議員洛奇就向古巴代表保證：「在這屆國會結束之前，麥金萊在該問題上會有一些影響深遠的舉動。」[26] 還有一個跡象則體現在人事安排上。一位重量級的政界人物曾警告麥金萊，美國駐古巴領事菲茨

休·李（Fitzhugh Lee）過於積極主張干涉，對任何折中與溫和的解決辦法都是一個威脅，但麥金萊有意保留菲茨休·李。

作為一名深思熟慮的政治家，麥金萊選擇了一條比較「安全」的干預路線。一開始，美國政府向西班牙抗議的焦點是西班牙總督魏勒爾殘暴的「再集中」政策，從而很容易地佔據了一個道義高地。當國務卿約翰·謝爾曼向西班牙抗議魏勒爾的「再集中」政策時，西班牙外交官唐突地談到美國內戰時期名將威廉·謝爾曼在南方實際上就採取了類似的做法。這一回答加深了國務卿謝爾曼對西班牙人的惡感，因為內戰時期的謝爾曼將軍正是他哥哥。上台幾個月後，麥金萊又任命與他關係密切的斯圖爾特·伍德福德（Stewart L. Woodford）為新的美國駐西班牙公使，並要求其在上任途中與美國駐法、英、德等歐洲大國的使節進行交流，瞭解這些國家對古巴形勢發展的反應和政策底牌。在這一過程中，主要歐洲大國都沒有表示反對美國介入古巴，而英國和俄國的反應還更積極一些，稱美國即使採取其他行動他們也不會反對。²⁷ 這無疑使美國政府心中更加有底。伍德福德還携帶着以國務卿謝爾曼名義簽發的一份指令，要求其向西班牙政府傳達。7 月 16 日簽發的這份外交指令口氣比較強硬，首先反覆強調古巴革命損害了美國的利益，而西班牙明顯沒有能力來「恢復和平」，因此「在古巴問題沒有取得任何進展的情況下，西班牙無疑不會指望我國政府袖手旁觀，聽任自己大量利益受損，聽任政治環境受衝擊，聽任國家被這場戰爭糾纏」。指令在結尾處又要求伍德福德明確提出美國要求干預的意圖（「你不要掩蓋局勢的嚴重程度，也不用諱言總統的決心」），同時還要強調美國政府的「自制」和「忍耐」不是無限制的，如果美國總統目前的努力無效，那麼將進一步採取「緊急形勢所要求的行動」。²⁸

結果，伍德福德等了近兩個月才有機會落實這一指令。就在他到達馬德里之前，西班牙首相被一個無政府主義者暗殺，保守派內閣垮台，過渡政府成立。當西班牙國內的亂局穩定後，伍德福德於 9 月 18 日會見過渡政府的外交大臣並傳達了 7 月 16 日指令的內容，同時他根據麥金萊的指示又加上了一個期限，即西班牙政府必須在當年 11 月 1 日前作出讓美國滿意的、實現和平的保證。這就相當於一個最後通牒，而西班牙政府剩下的時間又非常有限。不過，好在西班牙新上台的自由派政府在這方面比原先的保守派政府更願意作出讓步。到 10 月份，西班牙政府就開始推行一系列改革措施，其中包括撤換殘暴的總督魏勒爾。到 10 月 26 日，西班牙政府將改革方案遞交美國，表示允許古巴實現自治。11 月 25 日，西班牙女皇還簽署了改革法令。

　　應該說，在如此短的時間內完成這些工作非常不容易，西班牙政府已經竭其所能，但要做到讓美國「滿意」則是不可能的。從古巴的角度來看，起義者已經艱苦戰鬥了三年，不可能因為西班牙政府的一紙「自治」法令就放下武器，更何況美國的軍火和給養還在不斷地通過走私渠道運抵起義者手中，使後者堅信能贏得完全的獨立。從美國的角度來看，古巴衝突是將西班牙趕出去的機會，美國無論如何都不會錯過，進行干涉基本已是既定政策。另外，美國干涉古巴與干涉委內瑞拉邊界問題一樣，都是為了美國利益，與古巴人或委內瑞拉人沒有任何關係。古巴人的悲慘遭遇只是在動員美國國內社會時比較有用。所以，當西班牙政府提出讓古巴「自治」的改革方案時，美國的回答就是必須馬上看到實際成效，否則美國還會採取進一步行動。此時，美國的意圖和整個事態發展的方向已經完全明瞭。

走向戰爭

美西戰爭以後，很多歐洲政治家往往稱西班牙為「可憐的西班牙」。從國際政治的角度來看，這一稱呼不無道理。

美國進一步施壓

麥金萊政府在古巴問題上的抗議主要集中在兩個方面，一是古巴人民遭到殘酷對待，二是美國利益受損，因此美國的要求也總是「盡快平息衝突」。整個邏輯非常簡單、完整，在實際行動上，美國確也採取了一些人道主義行動，比如迫使西班牙政府同意讓美國的紅十字會在古巴發放食品和衣物，國會撥款五萬美元用於援助古巴，等等。麥金萊總統個人還為此捐助了 5,000 美元。不過，這些現象並不能混淆美國的深層次意圖，也不會干擾事情發展的最終方向。這一點老謀深算的英國人看得非常清楚。早在西班牙政府向美國提交改革方案之前，英國駐西班牙大使在給首相索爾茲伯里的報告中就指出，美國對「地球上最富饒的一片土地」是「志在必得」，而且「事情發展的速度比我預料的更快……『保守療法』的時間已經過去了」，[29] 而西班牙政府對此卻好像視而不見，或是如溺水之人一樣哪怕連一條蛇都想抓住。到 1898 年 1 月，西班牙殖民大臣還在和美國公使好聲好氣地商量：既然西班牙政府「已經做了所有你們要求做和建議做的事」，那麼美國方面能否也「催促總統做些事情以便讓古巴起義者明白他們最好放棄鬥爭，接受自治？我感覺我們既然做了這些，就有權提出這樣的要求」。他還提到克利夫蘭政府曾經答應過，一旦西班牙給予古巴自治，那麼美國將勸說古巴起義者接受。對此，美國公使伍德福德拿出了非常堂皇，

也非常意識形態化的理由:「我們美國人的觀點是政府的權威來自被統治者的贊同」,所以美國不可能在「一國人民要求建立共和國時,還進行干預以迫使人民臣服於君主統治」。[30]

事實上,美國的底牌就是迫使西班牙徹底放棄古巴,而且已經有了一個大概的「時間表」。麥金萊總統在 1897 年底的諮文中就指出,如果「在不久的將來」,古巴仍然不具備「正義的和平所不可或缺的條件」,那麼美國「仍可能採取進一步行動」,其中就包括「站在某一邊的干涉行動」。這裏麥金萊所說的「不久的將來」,絕對不是一個含糊的時間概念。因為古巴戰爭中主要的作戰時間是冬天,而從 4 月到 10 月是雨季,作戰行動很難開展。所以當麥金萊在 1897 年 12 月說這番話時,他留給西班牙的時間實際只有短短幾個月。[31] 美國政府非常清楚,在這段時間內西班牙殖民軍隊連自身的傷亡都無法得到補充,更不用說取勝了。所以,留給西班牙的只有兩個選擇:要麼徹底放棄(投降),要麼聽任美國干涉。

需要指出的是,這一政策完全是麥金萊政府的決定,而不是被「民意」推動的。在美國民眾和大多數國會議員看來,西班牙給予古巴自治和魏勒爾被解職是美國外交的一場勝利,這在一定程度上緩解了公眾情緒。1897 年底,國會只收到寥寥幾份要求干涉古巴的備忘錄和請願書,而且多數議員私下反對國會採取行動,連主張干預來最積極的參議員約翰·摩根(John Tyler Morgan)和亨利·卡伯特·洛奇也認為,美國應將干預古巴的事情暫時放一放,先集中力量爭取兼併夏威夷。[32] 在這期間,美國政府卻採取了一系列加大壓力的行動,促使整個形勢向干涉的方向發展。更重要的是,政府已經在認真考慮武力干涉的問題,海軍部下令暫停軍人復員,這基本上是進入臨戰準備的代名詞。而美國海軍的主力 ——

北大西洋分艦隊也被調往佛羅里達州最南部的基韋斯特軍港，直接面對古巴。

退一步說，即使美國政府內部確有一點在古巴「實現和平」的願望，西班牙改革方案的結局也足以將其打消：古巴起義者拒絕接受，古巴的地產主和商人也表示拒絕，最後，連在古巴的西班牙殖民軍隊都拒絕接受，使改革方案完全成為一紙空文。而且，西班牙殖民軍隊對自由派政府非常不信任，認定其會「出賣」古巴，所以1898 年 1 月 12 日還在哈瓦那發動了一場小規模騷亂，砸了三家曾批評過前任總督魏勒爾的報館。平心而論，這場騷亂時間很短，影響也不大，卻是最後導向戰爭的一連串事件中的重要一環。美國政府似乎非常看重這一事件，其對西班牙自由派政府的信心也受到了「沉重打擊」。騷亂平息後，美國正式通知西班牙，一旦再發生類似騷亂，美國將派遣部隊進入古巴。在國會內部，一些議員也重新活躍起來，要求對西班牙採取行動。像眾議院外交事務委員會主席羅伯特‧希特（Robert Hitt）就於 1 月 18 日提出，由於西班牙的改革方案不可能實現，美國將不得不干預古巴以保護美國公民和利益，而且「我們所有人都必須準備好，要像美國早年的愛國者那樣履行自己的職責。當他（指麥金萊）採取必要行動來保衛國家榮譽和利益時堅定地站在他身後」。[33] 由於希特本人普遍被認為是麥金萊總統在眾議院的代言人，所以他的話可以看成是美國政府的立場。更何況，政府的行動事實上根本沒有停頓，就在希特發言的前一天，海軍部長約翰‧朗下令秘密調動南大西洋分艦隊，進一步完成對西班牙作戰的部署。

「緬因」號事件

在通向美西戰爭的一系列事件中，美海軍「緬因」號的爆炸無疑最引人注目。

這一事件與 1898 年 1 月 12 日哈瓦那的騷亂有直接的因果關係。在騷亂期間，美國駐古巴領事菲茨休·李認為事態緊急，於是向國內發電報建議海軍做好準備，以便及時為在古巴的美國人提供保護。結果，海軍部的反應過於積極了一些，不僅僅是「做好準備」，而且直接派遣「緬因」號海岸主力艦 [34] 前往哈瓦那進行「友好訪問」。得知這一命令後，菲茨休·李認為時機不妥，建議暫緩派艦，而海軍部則告之命令已經下達，不好更改。西班牙方面也曾提出推遲訪問的建議，但因美方堅持而作罷。實際上，西班牙政府對「緬因」號訪問哈瓦那港的真實目的心知肚明，同時也明白該艦的「友好訪問」只會進一步鼓舞古巴起義者的鬥志，使形勢更加複雜。也許是出於某種預感，西班牙外交大臣在信函中憂心忡忡地寫道，此刻前往古巴的「緬因」號軍艦，「可能會由於一些不幸事件而引發一場衝突」。[35] 但是，為了沖淡和掩飾這種緊張，更為了「改善」與美國的關係，西班牙還是強裝笑顏表示歡迎，並決定也向美國的港口派出幾艘軍艦以「展示友誼」。

就像某種宿命的安排，「緬因」號於 1 月 25 日到達哈瓦那港。而在 2 月 9 日，美西關係又受到了一次意想不到的衝擊。西班牙駐美公使的一封私信被偷出並登報，其中說了麥金萊總統不少壞話，而且建議西班牙政府在古巴自治問題上採取拖延戰術。此信在美國社會引起軒然大波，雖然西班牙政府馬上撤換了該公使，但影響已經造成，美國政府也更有理由對西班牙表示「不信任」了。就在這種山雨欲來的氛圍中，停泊在哈瓦那港的「緬因」號軍艦於 2

月 15 日晚突然爆炸沉沒，艦上 354 名軍官和水手僅 88 人生還。面對這一悲劇性事件，美國國內的激動情緒一下子達到頂點。各家報紙，特別是那些專注於刺激性新聞的「黃色報紙」馬上指責西班牙是謀殺美國「緬因」號水兵的「劊子手」，大量的漫畫則將西班牙人描繪為沾滿美國人鮮血的食人生番。西班牙雖然聲明與此事無關，甚至還提出可能是古巴起義者為將美國拖入戰爭而策劃的「陰謀」，但這種聲音立即淹沒在鋪天蓋地的譴責中，幾乎沒有美國人理會。很快，「牢記『緬因』號」成為一句有效的動員口號，在美國形成了一股全國性的求戰浪潮。

到 3 月下旬，美國調查小組的報告出台，稱「緬因」號是因外部水雷的爆炸而沉沒，具體的肇事者還不能確定。但對大多數美國公眾和好戰派來說，悲劇的真相早已經不言自明，任何與西班牙開戰相矛盾的結論都不可能被接受。一些政府要員，如海軍部長約翰·朗雖然對此有所懷疑，但在當時的氛圍下也只能用日記來表露其態度：「關於『緬因』號爆炸的原因，各方面的觀點相差甚大。就和其他所有事情一樣，人們對這件事的判斷是由他原來的偏見所決定的。」[36] 若干年後，他又模棱兩可地承認道：「西班牙政府……可能在此事上並無責任，儘管可能有一些西班牙人或是古巴起義者預見到了這一結果，他們也許應該負責。」[37] 事實上，「緬因」號爆炸的原因至今也沒有完全定論。在 1898 年的調查以後，1911 年美國又將「緬因」號打撈起來進行調查，結論還是認為爆炸來自外部，但調查委員會中至少有一個成員認為內部爆炸也會產生同樣的後果。到 1976 年，由美國海軍少將海曼·里科弗（Hyman G. Rickover）牽頭的一個專家小組再度對「緬因」號事件進行調查，其結論是「緬因」號的爆炸不可能來自外部，其沉沒是由於軍艦內

部發生爆炸，而爆炸最可能的原因是前艙鍋爐的火焰噴出（在當時的技術條件下比較常見），引燃了附近 6 英吋（約 15.2 厘米）艦炮的彈藥。[38]

不過在 1898 年 3 月，事件的真實原因並不重要。美國的一些好戰派政要已經下了斷語，而絕大多數民眾也願意相信，這對任何一個政府來說都已經足夠了。一些歷史書傾向於把「緬因」號事件作為美西戰爭的導火線，這也許有些誇大。「緬因」號確實煽動起了美國社會的復仇情緒和好戰情緒，普通民眾和國會議員都向政府施加了很大的壓力。但值得注意的是，麥金萊政府在這一過程中一直有效地控制着局勢，政府沒有迫於社會壓力而採取任何倉促的行動，很多外交和軍事步驟都在按原先的軌道穩步推進。[39]

「緬因」號事件對美西戰爭爆發真正的影響在於三個方面：第一，這一意外事件替美國政府完成了戰前社會動員。除普通民眾的情緒被調動起來外，一直反對戰爭的宗教界和商界在「緬因」號事件後，態度也發生了明顯轉變。一些工商業巨頭和金融巨頭原先擔心戰爭會打斷美國經濟復蘇，此時也開始抱有「長痛不如短痛」的心態。3 月，麥金萊的一位政治密友就從紐約給他發電報稱，紐約的「大公司」和「倫敦證券交易所」都認為「戰爭是久拖不決的古巴衝突的解決辦法」。[40] 第二，事件之後的各方反應表明，對西班牙的戰爭將使美國政府在國際和國內政治中「雙贏」。「緬因」號事件後，歐洲列強在美西關係問題上表現得更加謹慎，而共和黨的政要又紛紛向麥金萊報告，稱對西班牙開戰已經成為共和黨贏得下屆選舉的最有效途徑，其中以參議員亨利‧卡伯特‧洛奇在其家鄉波士頓的調查報告最具說服力。這就進一步增強了美國發動戰爭的動力。第三，事件也在一定程度上影響了西班牙政府的立場。在美

國的壓力面前，西班牙政府一直是委曲求全。但「緬因」號事件爆發後，面對美國國內洶湧的求戰浪潮，西班牙對避免戰爭也沒有信心了。女皇瑪麗亞·克里斯蒂娜就寫道：「美國人希望挑釁我們並和我們開戰，我會不惜一切代價來防止這種結果……但是，任何事情都有一個限度，國家不能在我的領導下被美國羞辱。」[41]

戰爭爆發

所以，在「緬因」號調查報告出台之前，整個局勢就開始以一種加速度向戰爭方向發展。

美國政府內部的一些主戰派一直在推動開戰，其主要領軍人物、助理海軍部長西奧多·羅斯福在這方面尤為積極，甚至甘願為此冒險。1898 年 2 月 25 日，他居然利用海軍部長約翰·朗不在海軍部的機會，以海軍部名義向有關部門和各分艦隊拍發了一系列電報和命令，要求做好臨戰準備。其中最關鍵的一封發給在日本長崎的美國亞洲分艦隊司令喬治·杜威（George Dewey）：「命令除『莫諾克西』號以外全部分艦隊開赴香港，備足燃煤。一旦向西班牙宣戰，你的任務就是防止西班牙分艦隊離開亞洲海岸，並隨後向菲律賓群島發動攻擊。」杜威接到這份電報後，在筆記上寫下了一行字：「與西班牙的戰爭將馬上開始。」[42] 當然，這裏過於誇大羅斯福的作用似乎也不恰當。西奧多·羅斯福個性非常張揚，做事衝勁十足，是廣大媒體心目中最理想的「美國英雄」。但美西戰爭之前，他在決策層中並不處於核心位置，所以他高調鼓吹的很多事情實際上正是麥金萊等人在暗中推動的。羅斯福後來在給前海軍部長特雷西的一封私信中也承認，他並不知道政府已經作出了類似的決策。[43] 以 2 月 25 日的各封電報和命令為例，麥金萊和海軍部長約

翰‧朗對這種行為當然非常吃驚，將其中多數命令追回並撤銷，但那封給杜威的關鍵電報原封不動。這也說明，西奧多‧羅斯福的自作主張實際上符合麥金萊的意思。

而且，美國對西班牙的戰爭準備早就開始了。一心要推動政府開戰的西奧多‧羅斯福也許並不清楚，在他發給杜威電報之前，美國駐馬尼拉領事早就接受指令，開始給杜威提供西班牙軍事基地的各種情報。對馬尼拉西班牙基地的情報工作至少可以追溯到 1876 年，當時一名美國海軍上尉化裝成平民對西班牙基地進行了偵察。而對西班牙的戰爭計劃已經由海軍戰爭學院醞釀了整整四年，其中就涉及對菲律賓群島、古巴和波多黎各等地的攻擊行動。麥金萊本人在 1897 年底就已經總體同意了對西班牙的作戰計劃，但將對古巴的攻擊放到作戰行動的最後一步，在戰爭初期則僅限於實行海上封鎖。這樣就增加了作戰計劃的彈性，給外交行動留下了更多空間。[44]

到了 1898 年 3 月，美國的開戰決心已經非常明確。3 月 6 日，麥金萊召見衆議院撥款委員會主席喬‧坎農（Joe Cannon），表示「我必須有錢來準備戰爭，我做了一切可能的事來防止戰爭，但它還是一定會到來的。而我們還沒有對此做好準備。誰知道這場戰爭會導向何方呢？也許不只是一場和西班牙的戰爭」。坎農馬上就在國會中提議撥出 5,000 萬美元的緊急軍事撥款，獲得兩院全票通過。此舉當然給西班牙留下了深刻印象。美國駐西班牙公使伍德福德自豪地報告說：「（撥款）讓西班牙人很震驚，（因為我們）直接從國庫中撥出 5,000 萬美元而沒有借一分錢的債，這展示了財富與實力。」[45] 可以說，這一步也是美國和西班牙走向戰爭最關鍵的一步，標誌着臨戰準備的正式開始。

3 月 17 日，來自佛蒙特州的參議員雷德菲爾德‧普羅克特（Redfield Proctor）在國會就古巴問題發表了一次著名演講。他一貫以冷靜著稱，也是美國國內反戰派的主要人物。但在訪問了古巴以後，他的立場似乎發生了比較大的變化：「我到古巴時，一直堅信情況是被誇大的……我不能相信全部 160 萬人口中居然會有 20 萬人死在這種西班牙要塞……我的調研完全避開那些煽情式的信息來源……但每次我得到的答案都是：這種情況沒有被誇大。」按照前總統哈里森的說法，這一演講是美國國會 50 年來最有效果的。而參議員詹姆斯‧伯利 (James H. Berry) 則評價說：「這場講演意味着戰爭；它會煽動起從緬因州到加利福尼亞州的所有美國人，沒有甚麼力量可以阻止他們。」[46] 這也許又有些誇大。普羅克特的演講確實起到了再度推動大眾和國會情緒的作用，但這並不是主要的。此時的公眾情緒對政府的開戰決心而言已經足夠高漲，進一步推動產生的只是一些量變而非質變。普羅克特演講的意義在於，作為反戰派的主要人物，他的立場轉變標誌着美國政界反戰勢力的整體轉向，從而掃清了政府作出戰爭決策的最後障礙。

　　再看一下軍事準備的情況。就在普羅克特演講的前幾天，美國和西班牙雙方已經開始大規模的軍事調動。3 月 12 日，主力艦「俄勒岡」號從美國西海岸起航，繞過合恩角長途跋涉前往加勒比海集結，航程約 2.5 萬公里。差不多與此同時，西班牙也派出一支艦隊駛向加勒比海。該艦隊從表面上看不算弱，包括四艘裝甲巡洋艦、三艘驅逐艦和三艘魚雷艦。但是實際艦隊狀況很差，其中兩艘魚雷艦的鍋爐不能生火，只能由其他艦艇拖拽而行。性能最好的一艘巡洋艦連十英吋（約 25.4 厘米）主炮的炮彈都沒有準備，而其他三艘巡洋艦上的火炮系統又不同程度地存在機械問題。另外，所

有軍艦的裝煤量都不足一半。而美國海軍則在加勒比海和東海岸地區集中了「印第安納」號、「馬薩諸塞」號和「依阿華」號三艘主力艦，這三艘和正從西海岸趕來的「俄勒岡」號是美國在 1890 年代海軍擴建的核心成果，也是當時美國海軍的全部精銳。此外，美國集結的海軍艦艇還包括海岸主力艦「得克薩斯」號、裝甲巡洋艦「布魯克林」號與「紐約」號，防護巡洋艦（即在艦身一些部位專門加固的巡洋艦，噸位比一般巡洋艦大）11 艘、輕型巡洋艦和炮艦 21 艘。面對如此兵力對比，西班牙艦隊的指揮官更是鬥志全無：「除了艦隊全部被摧毀或者匆忙地、丟人地撤回以外……不能指望有任何其他結果。」[47]

在另一個重要作戰區域——菲律賓，喬治·杜威指揮下的美國亞洲分艦隊在 3 月底也基本完成集結，共擁有四艘巡洋艦、兩艘炮艦和其他一些輔助艦隻。而在菲律賓馬尼拉灣的西班牙艦隊名義上擁有七艘巡洋艦，但實際狀況要差得多。其中唯一比較現代的巡洋艦因艦殼開裂而無法出海，另外五艘老式巡洋艦的噸位僅 1,100 噸（美國巡洋艦均為 3,000 噸以上，其中旗艦「奧林匹亞」號為 5,870 噸），還有一艘木質巡洋艦。從火力來看，無論是六英吋（約 15.2 厘米）主炮的數量還是一次艦炮齊射的彈藥量，西班牙在馬尼拉的艦隊都只有杜威艦隊的三分之一。所以杜威對戰鬥前景很有信心，他在給海軍部的報告中預計「一天之內摧毀西班牙艦隊和馬尼拉的防禦」。[48]

隨着軍事準備的基本完成，美國的外交行動也在緊鑼密鼓地展開。3 月 20 日、26 日和 27 日，助理國務卿威廉·戴（他此時已經完全總攬國務院）向美國駐西班牙公使伍德福德接連發了三封電報，對西班牙提出了類似最後通牒的要求，但內容卻有點語焉不

詳。比如 20 日的電報要求西班牙在 4 月 15 日前必須實現和平並對「緬因」號事件「全面賠償」，26 日又要求取消「再集中」政策，給予古巴完全自治並進行「合理的赦免」，27 日又提出三點要求：立即實現停火直到 10 月 1 日，其間西班牙和古巴起義者將在美國調停下談判；立即取消「再集中」政策；如果 10 月 1 日雙方談判沒有結果，美國總統將成為最後的仲裁人。但從行文來看，這些要求又像是建議，比如有「看看以下內容可否實現」、「如果可能，那麼……」等模棱兩可的話。所以，連公使伍德福德本人都沒法理解這些電報的確切意圖，為此還向國務院拍電報追問。[49] 從外交的角度來看，這種情況只能反應兩種可能性：要麼威廉‧戴是一個完全不合格的外交主管，要麼美國就是想盡快開戰。

對於這些要求，絕望的西班牙政府答應了大多數，但認為立即停火和由美國總統進行最後仲裁有困難。到 4 月 9 日，西班牙又在羅馬教皇和歐洲列強的勸說下作出進一步讓步，但此時這些都不重要了。就在西班牙同意讓步的前五天，美國駐西班牙公使伍德福德和駐古巴領事菲茨休‧李已經分別接到準備撤離的通知，而從這一時刻開始，美國外交實際上成為一種技巧性動作，以便為在古巴的美國人爭取撤離時間。4 月 19 日，美國國會通過決議要求總統使用武力，而麥金萊則於次日在決議上簽字。就在 4 月 20 日當天，美國政府向西班牙發出了最後通牒，要求西班牙最遲在 4 月 23 日中午之前放棄在古巴的一切權力。此時，西班牙政府已經退無可退，宣佈拒絕通牒並斷絕與美國的外交關係。兩國由此進入戰爭狀態。法定的戰爭狀態是以追溯的形式確認的：4 月 25 日，美國國會宣佈戰爭狀態從 4 月 21 日開始。

勝利、擴張與擴張悖論

「一場絕妙的小戰爭」

　　從純軍事的角度來看，美國和西班牙的戰爭可以說是 19 世紀下半期到 20 世紀初大國戰爭中最乏善可陳的一次。美國的軍事實力儘管佔有決定性優勢，但其現代化的軍事機器畢竟剛剛建立，戰爭的組織和指揮暴露出不少問題。所幸西班牙方面的問題更加嚴重，戰爭準備鬆懈，指揮官完全沒有鬥志，對一些可能重創美軍的機會也視而不見。雙方宣戰不久，美國亞洲分艦隊在喬治·杜威的指揮下輕易摧毀了在馬尼拉灣的西班牙小艦隊，取得「馬尼拉灣大捷」，從而極大地振奮了國內士氣。在加勒比海，美國海軍主力等到 7 月 3 日才有機會與西班牙另一支小艦隊交戰並將其摧毀。7 月 15 日，美國陸軍一師趕到菲律賓並開始圍攻馬尼拉。7 月 19 日，西班牙請求法國幫助斡旋停火，此後就開始打打談談，直到 8 月 12 日正式停火。

　　在這短短不到四個月的戰爭行動中，所有戰鬥的規模都不大，美國軍隊的損失更是微乎其微。在兩場最大規模的海戰 —— 馬尼拉灣海戰和古巴沿海的海戰中，西班牙海軍的陣亡人數分別是 400 餘人和 160 餘人，美國海軍則只有幾人傷亡。在古巴的陸上作戰中，美軍也只有 500 餘人陣亡，而且多數是死於熱帶疾病。[50] 更重要的是，由於戰爭基本上是一邊倒，所以整個過程對很多美國人來說有點過於輕鬆而顯得不太真實。一位隨軍記者在報道中寫道，當美國戰艦在炮擊一座西班牙要塞時，水手們「在小聲說笑……同時從甲板底下傳來軍官們的弦樂隊演奏的聲音……像這樣在本世紀末進行的戰爭是文明的」。[51] 時任美國駐英大使的海約翰對這場

戰爭的稱謂——「一場絕妙的小戰爭」，一下子成為美國人對這場戰爭最恰當的描述。

對美國來說，這場勝利最重要的影響也許是在社會心理層面。之前，很多美國人已經意識到自身的實力優勢，但和西班牙的戰爭卻將實力優勢明確無誤地轉化為了戰場上的勝勢，這種對優勢地位的證明極大地提振了美國的民族自信心。對精英人士來說，這場勝利不僅僅是戰勝一個西班牙的問題，而且是美國在世界範圍內的生存競爭中勝出的問題。美國原駐暹羅公使在《北美評論》上就發表文章稱：「為爭奪太平洋主宰地位的競爭已經開始，現在是美國繃緊每根神經，使出所有能量以在這場鬥爭中領先的關鍵時刻⋯⋯適者生存的法則不僅適用於動物王國，也適用於國家。」[52] 同樣重要的是，戰爭發生時正值美國經濟走出危機，在勝利歡呼和經濟復蘇帶來的期望中，由 1880 年代末開始的社會動盪和理查德·霍夫施塔特所說的「社會心理危機」突然得到了決定性的緩解。美國似乎一下子擺脫了「中年危機」，重新回到了「青年時代」。

勝利也使思想家們一直努力詮釋的「美國精神」實現了人格化。馬尼拉灣大捷和聖胡安山戰鬥是美國國內最傾力宣揚的兩場戰鬥，而戰鬥中的主人公——喬治·杜威和西奧多·羅斯福自然成為典型的美國英雄。其中西奧多·羅斯福的經歷尤其富於傳奇色彩。戰爭期間，他除了作為助理海軍部長積極籌劃和組織戰爭，還自告奮勇加入陸軍，並作為一名陸軍中校率領由志願兵組成的「莽騎兵」（Rough Riders）參加了在古巴的戰鬥。其中的各種精彩細節（或是神話）更是在美國社會廣為傳頌。[53] 在西奧多·羅斯福身上體現出來的特點——勇武、好戰、不斷擴張，正好反映了美國精英階層的需求，也符合美國民眾特別是中西部和西部民眾的偏

好，成為當時「美國精神」最理想的代表。在「美國英雄」、「美國精神」和勝利狂喜的共同影響下，美國國內社會對海外擴張的熱情達到了前所未有的高度。

問題在於，這種海外擴張並不是 1890 年以後一直強調的貿易擴張，而是領土擴張。

太平洋帝國

古巴是美西戰爭的主要起因，但美國在 1898 至 1899 年的擴張範圍並不包括古巴。出於經濟、種族、政治體制和價值觀等各種原因，美國國內有一批人堅決反對兼併古巴。就在授權麥金萊動用武力干涉古巴之前，國會通過了由參議員亨利‧泰勒（Henry M. Teller）提出的「泰勒修正案」，其中明確否認將對古巴謀求「任何主權、司法權和控制權」，並宣佈將由古巴人來統治古巴。這一修正案的通過當然不可能保證古巴人民享有自治，也不妨礙美國對古巴的控制。但是作為一個法律程序，它有效地阻止了任何直接兼併古巴的企圖。所以，在美西戰爭爆發以後，美國擴張的主要方向集中在太平洋。

首當其衝的是夏威夷群島。麥金萊政府上台後，曾於 1898 年初再度向國會遞交兼併夏威夷的條約，結果未能通過。但美西戰爭的爆發使形勢發生很大變化。杜威取得馬尼拉灣大捷的消息傳到華盛頓後，國內一片歡騰。群情高漲之下，共和黨眾議員弗朗西斯‧紐蘭茲（Francis Newlands）馬上提出要求兼併夏威夷的決議案。[54]在國會辯論中，主張兼併的議員集中強調夏威夷對美國在亞洲的軍事行動的重要性，還特別提到夏威夷政府的「中立」使美國難以對杜威的分艦隊進行有效補充。這些新的有力「證據」為兼併主義者

佔上風起了很大作用，但起決定作用的還是總統麥金萊。戰爭爆發後，他在擴張問題上的態度突然發生重大轉變，開始明確主張兼併海外領土，甚至宣稱「我們需要夏威夷甚於需要加利福尼亞，這就是天定命運」。[55] 按當時美國政治的權力結構，一旦總統把政治力量全部投向兼併主義者，國會通過決議就只是時間問題。擴張主義的主將、參議員亨利・卡伯特・洛奇對此看得很清楚：「我不認為參議院〔的反對派〕能堅持多久。因為總統在這事上非常堅決，無論如何要吞併這一群島。」[56] 最終，「紐蘭茲決議」於6月15日和7月6日分別在眾議院和參議院獲得通過。1898年8月12日，美國正式吞併夏威夷。

美國在1898至1899年擴張的真正要點，同時也是國內爭論焦點的，是菲律賓。在目前的歷史材料中，沒有任何證據表明美國在美西戰爭之前就已經打算攫取整個菲律賓群島。當時不少擴張主義者是在馬尼拉灣大捷的刺激下想到吞併菲律賓的：「在任何情況下都不能讓菲律賓從我們手中溜走……我們抓住了太平洋的另一端，這樣的價值對這個國家來說是超乎想像的。」[57] 麥金萊的想法很可能也差不多。不過，美國最初只想在菲律賓佔有一個海軍基地，體現的還是原先「要點式擴張」的思路。但在7月26日的備忘錄中，麥金萊已改變想法，稱「西班牙必須放棄古巴和波多黎各以及它所管轄下的附近島嶼。這一要求不容許談判……至於菲律賓問題，可以作為談判的一個主題」。[58] 9月，美方又進一步提出佔有菲律賓的呂宋島，到10月底更要求吞併整個菲律賓群島。出現這種變化的原因至少包括兩點：（一）勝利刺激。無論在政府層面還是在民眾層面，原先對兼併海外領土的謹慎態度被輕易到手的勝利所沖淡，而且吞併的胃口也大大增加。（二）與列強競爭的

現實考慮。就在杜威取得馬尼拉灣的勝利後，德國軍艦首先駛入馬尼拉灣進行「觀察」，英、法、日的軍艦也接踵而至。德國的亞洲分艦隊於 6 月 12 日駛入馬尼拉灣，以調查「當地人的願望和外國對政治局勢的影響」。這種自身目標不明確但故作神秘、顯示力量的舉動，是威廉二世時期德國的典型做法。杜威對德國分艦隊此時的出現很憤怒，也有點緊張，整個美國海軍在此後十多年中一直對德國耿耿於懷。這些國家紛紛向美國提出，如果美國只想吞併菲律賓群島的一部分，那麼它們希望佔有剩餘的部分。其中英國提出佔有全部剩餘島嶼，德國提出至少佔有一個海軍基地，日本提出參與對菲的聯合保護。這樣一來，美國的勝利將加強其競爭對手的地位，對此美國政府當然不會接受。面對美國不斷追加的要求，西班牙只能答應，最後簽署的《巴黎和約》規定美國佔有整個菲律賓群島。

但是，這種做法遠遠超出了「要點式擴張」的範疇，已經開始向歐洲「殖民帝國模式」邁進。這就不可避免地觸及美國政治文化中的某種反殖民傳統。在很多傾向於自由主義的美國人看來，大陸擴張是「天定命運說」，美國人和政治制度可以迅速地擴展到新的領土上，所以是一種同質的擴張。而將一些遙遠的地區兼併進來則會帶來問題，特別是大量其他種族的當地人「不可能真正接受美國的政治制度」，「無法成為真正的美國公民」。這些過多的「異質成份」將對美國的聯邦制度和民主制度帶來巨大壓力。另外，統治這些遙遠的地區也會帶來巨大的軍事和財政成本，造成軍隊規模膨脹、國家權力集中、種族純潔性被破壞，最後美國會像羅馬共和國一樣因擴張而毀了共和制度。[59] 在吞併菲律賓的問題上，不少美國人就出於這一原因而持反對態度。另一部分的反對者則是從現實

帝國定型：美國的 1890-1900

角度出發，認為「要點式擴張」和海外貿易擴張是最有利的擴張方式。美國不需要承擔統治大片殖民地的政治和財政負擔就可以獲得巨大利益。像馬漢就屬於這一類反對者，他堅持認為美國沒有必要吞併整個菲律賓，只需要獲得一個海軍基地，以保證美國海軍在西太平洋地區的有效存在。

　　無論出於何種考慮，吞併菲律賓的議題在美國國內遇到了一股比較強大的反對浪潮。1898 年 10 月，「反帝國主義聯盟」（Anti-Imperialist League）在波士頓成立並向各地擴散，1899 年又成立了全國性的「反帝國主義聯盟」。這一運動規模較大，僅波士頓分會就擁有三萬多名成員，而且包括了前總統克利夫蘭、哈里森和鋼鐵大亨安德魯‧卡內基等知名人士。[60] 但在當時舉國為勝利所陶醉的情況下，這種反對聲音顯然不足以使美國放棄輕易到手的戰利品。在 1899 年 2 月 5 日的國會辯論中，最有力的還是帝國主義的語言：攫取菲律賓可以「在中國海構築屏障，並確保在太平洋的另一邊擁有控制……從而加強我們對太平洋和 20 世紀跨太平洋貿易的控制」。出於種種原因反對的人，則是「過於多愁善感的……不像美國人，也不像基督徒」。[61] 更重要的是，美國政府已經形成了包括兼併整個菲律賓群島、波多黎各和關島在內的一個「大政策」（the Large Policy）。[62] 麥金萊志在必得，並為此動用了幾乎全部的政治資源。2 月 6 日，美國參議院最終以三分之二多數通過了兼併菲律賓的條約，並於幾天後否決了一項要求在菲律賓人有能力建立穩定政府時就准予其自治的修正案。這顯示出，美國決心將到手的戰利品無限期地保留下去。1899 年，美國已經兼併了夏威夷、菲律賓、關島、威克島等地，形成了從美國本土直達東亞的一連串「跳板」。一個「太平洋帝國」由此建立。

擴張悖論

　　歷史上的帝國擴張基本都是領土擴張。這種擴張有兩個特點：一是必須投入大量的軍事和財政資源，因為新獲得的領土需要管理和保衛，而擴張越多，相應投入的資源也越多；二是領土擴張有時會產生「自我激發」的效果，即擴大的領土造成了軍事防衛的難題，結果往往以進一步擴張來消除。[63] 而當領土擴張超過一定限度後，管理和保衛的成本將迅速超過擴張的收益，從而導致帝國衰落。[64] 這就是擴張帶來的代價和風險，或者稱之為擴張悖論。

　　這種擴張悖論在美國的大陸擴張階段基本沒有出現，但美國的政治文化似乎一直對此比較警覺。把美國自由主義傳統中「反對兼併海外領土」的命題揭開，可以發現其背後不僅僅是自由主義的價值觀，還包括了一種精細的收益 —— 成本權衡。其中的一個重要出發點，就是避免擴張悖論，防止美國重蹈以往帝國因過度擴張而衰落的覆轍。1890 年前後，美國思想界與政界精英在海外擴張問題上形成的共識同樣體現了這種思維邏輯：既要獲得海外擴張帶來的好處，又不能背上管理和控制大片殖民地的成本，因此選擇了貿易擴張和要點式擴張的途徑。但是吞併菲律賓這樣一個人口眾多的遙遠群島明顯違反了這種模式。其理由可能只有一個，那就是在輕易到手的勝利面前，美國的自信心也極度膨脹，「成本」、「風險」等原本十分看重的因素此時變得無足輕重。一些歷史學家也認為，1898 至 1899 年的擴張（特別是吞併菲律賓）是對美國 1890年以後海外擴張路線的一次「背離」。如果繼續沿這一方向走下去，美國難免重複歐洲列強搶奪殖民地、建立殖民帝國的老路。

　　不過美國還是幸運的。1898 至 1899 年美國的擴張悖論來得十分迅速，使其能夠及時回頭。在美軍佔領菲律賓後，菲律賓反抗西

班牙殖民統治的起義軍馬上將反抗的矛頭指向美國。早在 1899 年 2 月 4 日，即美國參議院投票通過兼併菲律賓條約的兩天前，美軍與菲律賓起義軍發生交火並迅速開戰。和與西班牙的戰爭相比，美軍鎮壓菲律賓起義者的戰爭要漫長得多，也要血腥得多。美軍鎮壓菲律賓起義軍用了三年，美軍有兩千餘人戰死，菲律賓人死亡約 20 萬。1899 年，美在菲兵力為三萬人，到 1900 年不得不增加到六萬人，而且隨着戰爭的拖延，美軍的鎮壓手段也越來越殘暴。有一次，因一小隊美軍遭到起義軍圍殲，一位美軍將軍竟然下令處死當地所有 10 歲以上的菲律賓男子。[65] 當巨大的傷亡數字和美軍的暴行傳到國內後，美國人開始意識到殖民擴張的代價，而原先為吞併菲律賓而宣揚的「白人的責任」也不攻自破。這種「現世報」式的擴張悖論在很大程度上改變了美國朝野的看法，扭轉了美西戰爭後要求進一步擴大海外領土的趨勢，美國的海外擴張也重新回到了貿易擴張和「要點式擴張」的既定路線。

從這一角度來看，美西戰爭既是 1890 至 1900 年美國海外擴張的一個高潮，又是一個例外。尤其是美國吞併菲律賓的行為，對其以貿易擴張為主的海外擴張路線構成了短暫衝擊，但隨後的代價又迫使美國及時收手，從而使政策的搖擺幅度限制在一定範圍之內。不過，攫取菲律賓還是對美國的對外政策造成了深遠的影響。有了這一通向東亞，特別是中國的「跳板」，美國就有資本推行一種更加積極的亞洲政策，其世紀之交的外交重點也因此圍繞東亞展開。

註釋

1　Walter LaFeber, *The New Empire*, pp.4-5.

2　Robert Beisner, *From the Old Diplomacy to the New 1865-1900* (Arlington Heights, Ill.: Harlan Davidson, 1986), pp.115-116.

3　F. W. Taussig, *The Tariff History of the United States* (5th edition), pp.190-191.

4　Charles S. Campbell, *The Transformation of American Foreign Relations*, p.247.

5　John L. Offner, "McKinley and the Spanish-American War," *Presidential Studies Quarterly* 34.1 (Mar. 2004), p.51.

6　Samuel F. Bemis, *The Latin American Policy of the United States: A Historical Interpretation* (New York: Harcourt, Brace and World, 1943), p.37.

7　宣佈中立還有一個細節考慮。當時美國在古巴的大投資者，如糖業巨頭埃德溫‧阿特金斯（Edwin F. Atkins）等人，就催促政府不要承認起義者為交戰方，因為只要美國保持中立，西班牙軍隊就有責任保護美國在古資產。

8　美國在殖民地時期還規定，任何人有權處死進入殖民地傳教的天主教神職人員。關於美國國內對西班牙的偏見，可參考 Richard L. Kagan, "Prescott's Paradigm: American Historical Scholarship and the Decline of Spain," *The American Historical Review* 101.2 (Apr. 1996), pp.423-446。

9　William C. Widenor, *Henry Cabot Lodge and the Search for an American Foreign Policy* (Berkeley and Los Angeles, CA.: University of California Press, 1980), p.108.

10　Walter LaFeber, *The New Empire*, p.290.

11　Ernest R. May, *Imperial Democracy*, p.86.

12　Walter LaFeber, *The New Empire*, p.291.

13　William Appleman Williams, ed., *The Shaping of American Diplomacy* (Chicago: Rand McNally & Company, 1956), p.335.

14　Stephen Skocoronek, *Building a New American State: The Expansion of National Administration Capacities 1877-1920* (Cambridge: Cambridge University Press,

1982), pp.45-46.

15 Arthur M. Schlesinger Jr., *History of the U.S. Political Parties* vol.3 (New York: Chelsea House Publishers, 1973), p.2077.

16 Walter LaFeber, *The New Empire*, p.333.

17 R. Hal Williams, *Years of Decision*, p.132.

18 比較重要的人事變更，包括：駐英大使海約翰接替謝爾曼出任國務卿，曾任摩根集團律師的伊萊休・魯特（Elihu Root）接替阿爾傑任陸軍部長。

19 Walter LaFeber, *The New Empire*, p.328.

20 Lewis L. Gould, *The Spanish-American War and President McKinley* (University Press of Kansas, 1982), p.16.

21 See Emily Rosenberg, *Spreading the American Dream: American Economic and Cultural Expansion 1890-1945* (New York: Hill & Wang/Farrar, 1982), p.49.

22 Warren I. Cohen, ed., *The Cambridge History of American Foreign Relations* vol.2, p.128, 134.

23 Walter LaFeber, *The New Empire*, p.371.

24 Ernest R. May, *Imperial Democracy*, p.115.

25 Warren I. Cohen, ed., *The Cambridge History of American Foreign Relations* vol.2, p.139.

26 Ernest R. May, *Imperial Democracy*, p.120.

27 John L. Offner, "McKinley and the Spanish-American War," p.54.

28 William Appleman Williams, ed., *The Shaping of American Diplomacy*, pp.360-362.

29 Walter LaFeber, *The New Empire*, p.339.

30 Ibid., p.345.

31 Ernest R. May, *Imperial Democracy*, pp.126-127.

32 Ibid., p.134.

33 Ibid., p.136.

34 所謂的「海岸主力艦「（coastal battleship）實際上並沒達到主力艦標準，性能並不能完成遠洋決戰這一核心任務，參見本書第二章。

35 Charles S. Campbell, *The Transformation of American Foreign Relations*, p.251.

36 Stephen Howarth, *To Shining Sea*, p.249.

37 Robert Love, *History of the U.S. Navy 1775-1941* vol.1, p.389.

38 Hyman G. Rickover, *How the Battleship Maine was Destroyed* (Washington, D.C.,: Naval History Division, 1976).

39 3 月底短暫的幾天除外，當時「緬因」號調查報告剛出台，堅持反戰的眾院發言人、綽號「沙皇」的托馬斯‧里德從原先立場後退，好戰分子一下子在國會佔了上風。不過很快麥金萊又恢復了控制。

40 Walter LaFeber, *The New Empire*, p.392.

41 Stephen Howarth, *To Shining Sea*, p.250.

42 Charles S. Campbell, *The Transformation of American Foreign Relations*, p.279; Stephen Howarth, *To Shining Sea*, p.250.

43 Bradford Perkins, *The Great Rapprochement: England and the United States 1895-1914* (New York: Atheneum, 1968), p.108.

44 Robert Love, *History of the U.S. Navy 1775-1941* vol.1, pp.389-390.

45 Walter LaFeber, *The New Empire*, pp.349-350.

46 Charles S. Campbell, *The Transformation of American Foreign Relations*, pp.255-256.

47 雙方海軍準備情況，參見 Nathan Miller, *The U.S. Navy: History* (3rd edition), pp.156- 158; Stephen Howarth, *To Shining Sea*, pp.250-252。

48 Nathan Miller, *The U.S. Navy: History* (3rd edition), p.158.

49 Charles S. Campbell, *The Transformation of American Foreign Relations*, pp.259-260.

50 Robert Love, *History of the U.S. Navy 1775-1941* vol.1, p.391, 399.

51 Walter LaFeber, Richard Polenberg, *The American Century: A History of the United States Since the 1890s* (N.Y.: John Wiley & Sons, Inc. 1975), p.27.

52 John Barrett, "The Problem of the Philippines," *The North American Review* 167.502 (Sep. 1898), p.267.

53 有英雄就有神話。關於老羅斯福的神話之一恰恰就是聖胡安山戰鬥。

經歷史學家考證，被畫家、作家和一些歷史學家廣泛描繪的「羅斯福率兵進攻聖胡安山」實際並不存在。他率領「莽騎兵」（實際沒騎馬）進攻的並非主攻目標——聖胡安山（San Juan Hill），而是作為側翼進攻旁邊的壺山（Kettle Hill）。見 Stephen Howarth, *To Shining Sea*, p.253。

54　決議並非條約，不需要三分之二的多數同意。這也是共和黨內擴張主義者為爭取國會通過而採取的新策略。

55　Ernest R. May, *Imperial Democracy*, p.244.

56　Theodore Roosevelt, *Henry Cabot Lodge, Selections from the Correspondence of Theodore Roosevelt and Henry Cabot Lodge 1884-1918* vol.1 (New York: C. Scribner's Sons, 1925), p.311.

57　Ernest R. May, *Imperial Democracy*, p.245.

58　Lewis L. Gould, *The Spanish-American War and President McKinley*, p.85.

59　Ernest R. May, *American Imperialism*, p.173.

60　Fred H. Harrington, "The Anti-Imperialist Movement in the United States 1898-1900," *Mississippi Valley Historical Review* 22.2 (Sep. 1935), pp.211-230.

61　Ernest R. May, *American Imperialism*, p.207.

62　*Selections from the Correspondence of Theodore Roosevelt and Henry Cabot Lodge 1884-1918* vol.1, p.299, 302.

63　英帝國在印度的陸地擴張也可以如此解釋：「位於英國（印度）領土邊界的那些腐敗而好戰的當地頭人威脅到貿易或秩序，英國人因而對他們採取軍事行動，這就導致英國統治進一步擴張，也因此導致英國與另一些土著對立，前進過程又從頭再來一遍。」見 Correlli Barnett, *Britain and Her Army 1509-1970* (New York: William Morrow, 1970), p.273。

64　吉爾平認為，經濟領域的邊際收益遞減規律同樣適用於國際政治，因此帝國擴張也存在一個限度，超越了以後邊際成本將超過邊際收益。參見〔美〕羅伯特·吉爾平著，武軍等譯：《世界政治中的戰爭與變革》（北京：中國人民大學出版社，1994 年），頁 113。

65　Walter LaFeber & Richard Polenberg, *The American Century*, p.28.

第五章

「門戶開放」照會
與美式帝國的定型

美國在 19 世紀最後十年的擴張以兩次著名的外交照會收尾。1899 年和 1900 年的「門戶開放」照會儘管針對的是中國,但其真正意義是對美國海外擴張基本方式的一種重新確認,即美國擺脫了美西戰爭後兼併海外領土的短暫熱情,重新回到貿易和影響力擴張的路線。「門戶開放」因而成為美國海外擴張邏輯的集中體現,美式帝國至此也基本定型。

中國市場與美國的戰略

19 世紀末,當美國人狂熱地討論通過海外貿易擴張來解決國內的生產過剩問題,或者討論繼續向太平洋方向「西進」以克服「邊疆關閉」問題時,他們腦海中都隱隱約約有一個最終目標——亞洲,更確切地說是中國。

美國當然不是第一個垂涎中國市場的西方國家。早在鴉片戰爭以前,中國遼闊的幅員就極大地刺激了英國商人的想像力,在他們看來,幾億中國人只要每人買一件他們的商品,就足夠曼徹斯特、格拉斯哥等地的所有工廠運轉好幾年。到 19 世紀末,美國商人同樣對神話般的中國市場充滿期待,甚至用的語言也基本和以前的英國商人一樣,只是把工廠的地點換成了美國:如果每個中國人買一蒲式耳(在美國約為 35.238 升)美國麵粉,那麼美國全部的小麥都將告罄;如果每個中國人每天哪怕只買一片餅乾,美國全國的工廠都要沒日沒夜地加班趕工。在美國商界眼中,中國是一個「獨一無二」、能提供「無限可能的」巨大市場,1898 年一份商業雜誌就激動地宣稱:「在中國有四億人口,是美國人口的五倍還多。這四億人的需求每年都在增長,這是多大的市場!」[1]

從當時的貿易情況看，美國對華貿易規模並不大，但增長速度相當快。1898 年美國對華出口額（不包括對香港）約 1,000 萬美元，1899 年為 1,400 萬美元，只佔美國出口總額 1% 左右。[2] 不過，從 1890 到 1900 年這十年間，美國對華出口卻實現了 200% 的增長，而製成品的對華出口在 1895 到 1900 年內更是實現了 400% 的驚人增長。[3] 這種勢頭極大地影響到美國商界的對華預期。勢力龐大的美國全國製造商協會就指出，對華貿易「僅僅處於初步階段」，擁有「巨大的可能性」，美國中西部商界的主要代表—的芝加哥商會更是認為中國市場將帶來「以往沒有任何國家遇到過的」機會。甚至連一些歐洲人也認為，美國對華貿易的快速增長表明，1890 年代末的美中貿易同未來發展相比「還僅僅處在嬰兒階段」。[4] 而對棉花、煤油等行業來說，對華出口已經是巨大的既得利益。以棉花行業為例，在 1887 至 1897 年間，美國向中國的棉花出口量增加了 121%，出口額增加了 59%，佔中國棉花進口總量的份額也從 1887 年的 22.3% 上升到 1897 年的 33%。中國則成為美國棉花出口的最大市場，佔其出口總量的 50%。在出口刺激下，美國棉花產區（主要是南部各州）的棉花加工也不斷擴張，棉錠數量在 1889 至 1900 年間增長了 194%。到 1890 年代末，以棉花生產為主要經濟支柱的美國南部各州對中國市場的依賴已經達到相當的程度。南卡羅來納州棉花商 1899 年在給國會的請願書中就寫道：「你可以馬上看到對華貿易對我們的重要性：它就是一切。」[5]

從全球貿易競爭的角度來看，中國市場的吸引力就更大了。1890 年後，隨着美國商品潮水般地湧向海外市場，歐洲國家越來越感受到來自美國的競爭壓力。德國皇帝威廉二世在 1895 年就把

「共同對付美國威脅」作為拉攏俄國的一張牌，1897 年又建議歐洲大陸國家聯合起來「將大西洋彼岸的競爭者關在門外」。而真正體現歐洲國家緊張心理的，則是奧匈帝國外交大臣阿格諾爾‧戈武霍夫斯基（Agenor Goluchowski）1897 年 11 月 20 日發表的那篇著名講演。他認為歐洲正在經歷一場「與大洋彼岸國家的毀滅性競爭」，呼籲歐洲國家「肩並肩地與這一共同的危險作鬥爭」。在美國國務院眼中，這篇講演無異於一場商業戰爭的宣戰書，而沙皇俄國則被普遍視為此事的後台和推手。[6] 在現實中，歐洲國家與美國之間的貿易競爭也在升級。美國 1897 年通過的《丁格雷關稅法》從自由貿易角度來看是一次倒退，其在調高關稅的同時還部分恢復了 1890 年的互惠條款，使歐洲在對美貿易方面處於不利。當時的德國財政國務秘書（類似於財政部長）就將該法形容為「在鯉魚池裏放入了一條狗魚」。而在歐洲方面，一些國家則考慮對其廣大殖民地進行某種關稅保護，以便為宗主國的商品創造最優惠的條件。即使像「自由貿易」最主要的支持者——英國也不乏這種想法。殖民地事務大臣約瑟夫‧張伯倫就對在英帝國內部實現共同關稅非常熱心，並提出如果短時間內建立共同關稅不太現實，那麼殖民地也應該在關稅方面對宗主國更加優惠一些。面對這種情況，美國的壓力也不小。因為英國一旦在整個帝國範圍內實行差別關稅政策，那麼美國最主要的出口市場將受到很大擠壓，這樣一來真正有價值的海外市場就只剩下兩個——拉美與中國。而在拉美市場，美國所佔份額已經達到相當程度，進一步發展的空間已經不大。相比之下，中國市場的巨大潛力無疑更有價值，中國便成了美國贏得國際貿易競爭的關鍵戰場。美國《商貿雜誌》的一句話代表了1890 年代末美國商界的普遍觀點：「爭奪世界貿易霸權的鬥爭是在

東亞而不是南美進行的。」[7]

關於如何贏得這場「鬥爭」，美國人也有一條比較明確的思路，那就是要求列強在中國進行開放式的、「機會均等」的商業競爭。可以說，從 1844 年逼迫清政府簽訂不平等的《望廈條約》開始，美國就一直是這麼做的。對美國來說，其志向絕不僅僅是在中國攫取一兩片「租界」或勢力範圍，它瞄準的是整個中國市場。而通過強調列強在中國的「門戶開放」，美國就可以充分發揮自己在生產能力方面的優勢，同時迴避地理相距遙遠這一劣勢，最終實現在華利益最大化。所以，與部分歐洲列強着眼於在華攫取勢力範圍和「租界」相比，這種「門戶開放」政策背後的邏輯要強悍得多，甚至可以說只有最強悍、最有實力的國家才會作出這種選擇。美國商界最有影響的雜誌之一《銀行家雜誌》的文章就很能說明問題：「不通過戰爭和軍事擴張，能提供最便宜、最好商品的國家就能佔有最大最好的市場……如果中國能向全世界開放貿易……美國和英國就不用怕任何競爭者。但俄國、德國和法國在英美商品面前就或多或少地處於不利地位。因此它們根本不會接受這種哲學觀念。」[8]

然而需要指出的是，在 19 世紀下半期相當長的時間內，美國並不是最有實力的國家，「門戶開放」政策也不是美國的發明。1840 年鴉片戰爭以後，英國勢力大舉入侵中國並攫取了香港等地，同時在商貿活動方面強調列強之間「不歧視」、「機會均等」等自由貿易原則，事實上推行的就是「門戶開放」政策。當時，英國在華商業利益是列強中最大的，其投資佔外國在華投資的三分之一，貿易則佔中國對外貿易的三分之二，而且英國的商船承擔了中國外貿船運的 85%。[9] 在這種情況下，美國實際上是追隨了英國的政策，其「門戶開放」屬於一種「搭便車」行為。也正因為如

此，美國才有條件長時間地推行一種被形容為「自由放任」的對華商業政策，即任由傳教士、商人和冒險家在華開展活動，政府則既不干預，也不推動。1887 年美國國務院還專門發表訓令，規定美國外交官支持在華商業的任何行動必須事先報請國務院批准。在 1895 年中日甲午戰爭以後，美國財團急於在清政府對日賠款的外國貸款中分一杯羹，但苦於競爭不過法俄財團，希望美國政府能提供外交支持。當時美國駐華公使田貝（Charles Denby）對此很積極，但其請求被國務院駁回，克利夫蘭總統親自授意的一封電報明確指示：「不允許用任何方式運用你的外交影響來支持（競爭）貸款⋯⋯你的行為將僅限於正式闡述有關利益各方的要求，如果你認為這種行為是合適的話。」在田貝再三請求後，國務院乾脆重申了 1887 年訓令，命令他「放棄運用外交影響來幫助美國金融或商貿企業。這種事情只有在特殊情況下才可以做，而且必須事先將所有事實和理由報告國務院」。[10]

不過，隨着列強在華競爭升級，美國這種「自由放任」的政策也在迅速改變。就在美國財團競爭清政府對日賠款的第二批貸款失敗後，一些擁有在華商業利益的美國企業和財團加強了對政府的遊說力度。美國政府也對歐洲列強，特別是俄國勢力在中國的擴張感到不安。在這種情況下，1896 年夏李鴻章的訪美為美國政策的轉變提供了一個意想不到的推力。此次訪問比較有戲劇性，因為李鴻章一開始的計劃是參加俄國沙皇尼古拉二世的加冕典禮並順訪歐洲，訪美屬於臨時決定的「過境順訪」。而在訪美期間，雙方也因為文化差異和誤解而鬧出一系列小笑話，給了後人不少演繹的空間。但是，這些並不能抵消這次訪問的影響。首先，李鴻章的來訪刺激了美國政府對華事務的關注。一開始，總統克利夫蘭和國務卿

奧爾尼對李鴻章的來訪持一種漫不經心的態度，兩人甚至討論是應該「放一串爆竹」還是「擺一次下午茶」來歡迎李鴻章。結果一批商界人士和政府內部像柔克義（William .W. Rockhill）等幾個「中國通」急忙向總統施加影響，高度強調中國市場的重要性。克利夫蘭和奧爾尼很快被說服並調整接待計劃，最後美國政府以非常高的規格精心接待了李鴻章的「非正式來訪」。其次，李鴻章在訪美期間表示歡迎美國企業前往中國，而在他回國後，伯利恒鋼鐵公司、鮑德溫火車機車公司等美國大公司都在華順利拿到合同。[11]無論是否屬於巧合，這些都進一步刺激了美國商界和政府對中國市場的預期。這樣，在多個因素的共同作用下，1896 年下半年起，美國就開始改變對華政策中的「自由放任」路線。當時美國的華美合興公司競爭盧漢鐵路的修築權受挫，國務卿奧爾尼給駐華公使田貝的指令就變成「用一切適當的手段」給予支持，與前一年的指令形成鮮明對比。[12]更重要的是，他在此後的電報中還指示田貝「對所有以往的訓令不用太拘泥於字面含義」，同時還要求其及時告知國務院美國在華商貿活動的詳細情況，[13]這實際上就撤銷了 1887 年的國務院訓令。美國的政策由此從「自由放任」向「積極推動」的方向轉變。

麥金萊政府上台後基本延續了「積極推動」的做法。不過此時美國政府的注意力被古巴問題吸引，暫時無暇他顧，在支持在華商業利益的問題上也重歸保守。國務卿約翰‧謝爾曼一上任就駁回了田貝關於進一步支持在華商務活動的請求，並警告其應保持謹慎。但這種政策的回調畢竟是短暫的，在華利益上升和列強加緊瓜分中國這兩個趨勢決定了美國政策演變的基本方向。美西戰爭結束後，獲得了菲律賓這一「跳板」的美國更有資本，也更有信心來參

與列強在華競爭了。

瓜分中國帶來的衝擊

事物往往會以意想不到的節奏發展。就在美國專注於古巴問題和與西班牙的戰爭時，中國的形勢發生了迅速的變化，美國佔領中國市場的努力一下子面臨着從未有過的挑戰。

瓜分威脅

首先是中國面臨被瓜分的危險。在美國專心準備與西班牙爭奪古巴時，歐洲列強對中國的爭奪也激烈起來。1897 年 11 月，德國藉口兩個傳教士被殺，出兵強佔中國膠州灣。此舉打破了列強之間非常脆弱的平衡，極大地刺激了其他列強的胃口和神經。俄國駐法大使就評價說：「以前歐洲列強之間有一種非正式的諒解，那就是要保證中華帝國的領土完整……現在這種諒解已經如此頻繁地被打破，歐洲列強已經不用履行這一職責，可以在中國為所欲為了。」[14] 12 月，俄國軍艦即開進旅順口，對清政府詭稱「幫助中國人擺脫德國人」，對英日等國則稱「暫泊」、「過冬」，實際上完全佔領了旅順口和大連灣。到 1898 年 3 月，德俄兩國分別強迫清政府簽訂《膠澳租借條約》和《旅大租地條約》，以不平等條約的形式將攫取的利益「鞏固」下來。在這種情況下，其他列強也惟恐落後。法國於 1898 年 4 月迫使清政府同意「租借」廣州灣 99 年並保證不把兩廣和雲南租讓給任何國家。幾天以後，日本又強迫清政府保證不向任何國家割讓福建。

面對俄德等國直接攫取中國領土的行動，一直提倡「門戶

開放」、「維持中國主權和領土完整」的英國一開始似乎還想抵制一下，但很快就改變立場，決心自己也攫取一個港口。1898年3月，就在《旅大租地條約》簽訂之前，英國駐華公使竇納樂（Claude Maxwell MacDonald）向清政府提出租借威海衛以抵消俄國租借旅大的影響，並於7月1日簽訂《訂租威海衛專條》，明確規定租期與俄國駐守旅順之期相同。在法國「租借」廣州灣後，英國又強租九龍作為「平衡」。到8月份的時候，英國似乎連「門戶開放」的表面功夫都不願做了，代理外交大臣一職的阿瑟·貝爾福在眾議院講演時表示「租借地必須給予某個國家。而這個國家獲得它以後，其他國家的人必須被排擠出去……這不算是不公平待遇」。一貫直言不諱的殖民地事務大臣張伯倫更是放言：英國不會「對一個看起來正在衰朽的帝國作任何類似維護其領土完整和獨立的保證」。[15] 一時間，列強對中國的瓜分似乎馬上就要開始。

美國非常不願意看到這種局面。對美國來說，「門戶開放」的先決條件是列強不能瓜分中國領土，這樣才能夠從容地發揮自己生產能力方面的優勢。如果原先的遊戲規則被打破，那麼距離遙遠的美國在與歐洲列強的競爭中無疑會處於十分不利的境地，通過「門戶開放」、「機會均等」來獲得優勢的思路將整體落空。為此，美國駐華公使田貝接連向華盛頓發出警報，在1898年1月31日的著名報告中他指出：「瓜分將會毀掉我們的市場。太平洋卻是註定能比大西洋承載起更多貿易的。」[16] 3月，當俄國不再假託在旅大「暫泊」、「過冬」而是正式提出「租借」時，田貝在給國務卿謝爾曼的報告中，稱俄國行為屬於「拐彎抹角的背信棄義……國際交往中還沒有發生過比這更卑鄙的事情」。[17] 美國擁有在華利益的企業同樣感覺到了威脅，尤其是對中國市場依賴最大的棉花生產商。美

國棉花在中國的主要市場是華北和東北，旅大則是其最主要的進口口岸，因此俄國的佔領行動使這批商人尤其感到緊張。為了促使政府採取行動，1898 年 1 月，由美孚石油公司、伯利恒鋼鐵公司和棉花出口企業等擁有巨大在華商業利益的公司一起組成了美國在華利益委員會，開始大規模的宣傳和公關。[18] 2 至 3 月份，紐約、費城、波士頓等城市的商會開始向政府遞交請願書，要求立即在中國採取行動。

隨着其他列強加緊在華攫取「租界」，特別是英國加入這一瓜分行列，美國商界開始陷入真正的驚慌。如前所述，美國在華一直奉行一種「搭便車」式的「門戶開放」政策，只要英國還在堅持以「不瓜分中國」為前提的「門戶開放」，美國的便車就能搭下去，其在華商業利益也有基本的保證。當德俄攫取膠州灣和旅大後，一些美國人還對英國抱有幻想：「英國堅持在東方市場實行自由和機會均等的貿易原則，這樣就為美國輕易和快速地征服這些市場鋪平了道路。」[19] 所以，一旦英國表現出放棄「門戶開放」的立場，美國對華政策的一個先決條件就不復存在。這對美國人的震動是深層次的，商界開始擔心自己將無緣於神話般的中國市場。一份商業雜誌形象地反映了這種普遍情緒：「現在美國人民剛剛醒悟到，我們有能力在亞洲的貿易中佔有一個主導位置。但幾乎就在我們意識到這一點的時候，別人卻宣佈這扇門就要關上了，而且馬上就要喊：『太晚了，太晚了，你們現在不能進來了。』」[20]

美國政府當然也意識到了威脅。1898 年 1 月，國務卿謝爾曼還宣稱瓜分中國無損美國在華利益。到 6 月，接替謝爾曼任國務卿的約翰·戴就完全改變了口徑，他在給國會的信中明確表示瓜分中國威脅到了「美國的重要利益」。[21] 與此同時，政府還要求國會

撥款兩萬美元成立一個專門委員會來研究美國對華貿易的前景。美西戰爭實現停火後，美國對中國形勢的關注度進一步加大，政策調整的傾向也越來越明顯。9 月 16 日，總統麥金萊在會見即將前往巴黎進行和談的美國代表團時表示：「美國將運用所有合法的手段來擴展貿易，但不會在東方尋求排他性的好處。我們只要求門戶開放，同時也準備對其他國家門戶開放。」這也是他第一次公開提到「門戶開放」政策。[22] 到 1898 年 12 月向國會發表年度國情咨文時，麥金萊則非常明確地宣佈，龐大的對華貿易使美國不可能在瓜分中國的問題上充當「無動於衷的觀眾」，門戶開放政策的未來也不可能「憑運氣」，美國將「運用符合我們政府現行政策的一切手段來促進我們在這一地區的巨大利益」。[23] 在美國剛剛結束了一場勝利的戰爭後，麥金萊所說的「符合現行政策的一切手段」會給其他國家留下很多猜想，其強調力度無疑超過了以往任何時候。這一咨文與同年 1 月謝爾曼的表態形成了鮮明反差，也體現出美國對華政策的迅速調整。

　　駐華公使的人選變動，也在某種程度上反映了這種政策調整。1897 年底，田貝即將卸任駐華公使一職，總統麥金萊一開始物色了一個沒多少外交經驗的年輕人接替田貝。但隨着形勢的發展，這一決定遭到了廣泛批評。《紐約時報》等報紙公開要求任命「一個有能力保護我們巨大商業利益的人」。參議院也越來越傾向認為，中國的形勢要求駐華公使是「最能幹、最有經驗的官員之一」，「在這一時刻，駐英國、法國或俄國的使節都沒有駐中國的使節重要」。[24] 最後麥金萊改派有經驗的資深外交官康格（Edwin H. Conger）任美國駐華公使。後者於 1898 年 7 月正式到任。當然，在 1898 年的諸多人事變動中，對美國在華政策影響最大的還是國

務卿一職。約翰‧戴在 4 月接替謝爾曼出任國務卿，五個月後離職，國務卿改由駐英大使海約翰擔任。這個名字從此與美國「門戶開放」政策聯繫在一起。

國務卿海約翰

在美國歷任國務卿中，海約翰佔有一個比較特殊的位置。他當過林肯總統的秘書，27 歲進入外交界工作，曾任助理國務卿（1879—1881）、美國駐英國大使（1897—1898）等職，外交經驗豐富。從個性上看，海約翰屬於比較講究品位、精緻而有知識分子氣質的人，不太符合「美國精神」，與美國政壇那種略顯粗野但富有衝勁的風格也不相符。一些參議員看不慣他，他也毫不掩飾對他們的不屑。所以海約翰和國會的關係一直不太好。

這樣一個人對英國有好感應該不難理解。實際上，海約翰是當時美國政壇主張英美聯合的主要人物之一，有名的「親英派」，其做法甚至一度被陸軍部長魯特罵為「媚英外交」。他任駐英大使期間正值列強在華矛盾尖銳化，英美兩國國內都出現了聯合起來維護在華「門戶開放」的呼聲。這種傾向可以看成是委內瑞拉危機後英美和解的繼續和深化。在美國方面，參議院外交關係委員會主席庫什曼‧戴維斯（Cushman Davis）和參議員亨利‧卡伯特‧洛奇都表示願意和英國「肩並肩地站在一起」，以保證中國的港口和市場向所有國家開放。[25] 甚至幾年前和英國有過猛烈交鋒的前國務卿奧爾尼，也在《大西洋月刊》上公開撰文，主張維護在華「門戶開放」問題上與英國結成同盟。[26] 在英國方面，殖民地事務大臣約瑟夫‧張伯倫對英美聯合一事也非常熱衷。

但是，英美在中國問題上的合作是有限度的。首先，兩國的

在華利益不對稱，英國擁有的是巨大的既得利益，美國更多的是預期利益。其次，兩國的地位不對稱，英國長期以來是門戶開放的主導者，而美國是搭車者，後者一直享有可觀的「行動自由」。再次，除了聯合，雙方還有廣泛的選擇空間，特別是英國手中擁有眾多籌碼，在政策轉換方面更加容易。最後，雙方的實際互信程度並不高。所以，當張伯倫於 1898 年 3 月 8 日正式向美國提議聯合行動時，美國就以古巴問題吃緊為由而搪塞了過去。英國在失望之餘就開始轉向加入瓜分中國的行列。在這一過程中，作為駐英大使的海約翰一直是積極的推動者，在給國務院的報告中他一再強調英國在對華政策問題上是「清晰而積極的」，為維護「門戶開放」必要時甚至不惜一戰。在這一點上，他與駐華公使田貝的觀點完全不一致，後者恰恰認為英國只會做一些表面文章，而且最終會加入瓜分中國的行列並將長江流域劃入自己的勢力範圍。[27]

當上國務卿後，海約翰並沒有完全打消與英國聯合的想法，但形勢已經發生了很大改變。除英國已經放棄「門戶開放」，中國的局勢也更加動盪。1898 年 9 月，慈禧太后發動政變囚禁光緒皇帝，戊戌變法失敗，義和團運動逐步從山東、直隸等地向京津腹地蔓延。俄國等列強則以此為藉口，加緊在華攫取權益。在這種情況下，海約翰採取了一連串顯示美國決心的行動，比如 10 月派遣兩艘炮艦從馬尼拉開往塘沽向清政府示威（同時也向歐洲列強顯示美國的軍事存在），並電令駐華公使康格「採取有力行動保護美國人」，12 月電令康格挫敗法國擴大其上海租界的企圖，1899 年 1 月要求駐華公使和駐俄代辦對美國向俄國在華勢力範圍出口棉花問題「給予高度關注」，3 月又要求後者就該問題「利用一切機會採取積極行動」，等等。[28] 這些行動當然獲得了美國國內相關利益集

團的喝采，但海約翰非常清楚，東亞絕不是拉美，美國在這一地區的影響力是有限的，必須充分利用歐洲列強之間錯綜複雜的關係才有可能成功。換句話說，美國在中國的外交需要更加「英國化」一些，將宏觀的原則與精細的權力政治手段結合起來，而這一點正符合海約翰的個性。

三種選擇

然而留給他的時間似乎並不多。1898 年和 1899 年初，英國再次向美國提出採取聯合行動以維護「門戶開放」。這是英國在與俄國談判劃分勢力範圍期間的一次「再保險」行動，結果與 1898 年 3 月張伯倫的提議一樣，英美兩國都不願衝到第一線與俄國交惡，也都不願為對方火中取栗，於是最後不了了之。到 1899 年 4 月，英俄之間的談判卻有了成果，雙方簽訂了所謂《斯科特—穆拉維約夫協定》，規定英國不在長城以北謀求鐵路修築權，而俄國也不在長江流域尋求此類權益，從而在事實上劃定了在華勢力範圍。這對美國來說是又一次打擊。長期呼籲加大對東亞關注的美國亞洲協會榮譽會員、美駐暹羅前公使約翰·巴雷特（John Barrett）在紐約商會的講演中指出：「英國最近的行動……已經無可逆轉地將它置於承認『勢力範圍』的國家之列。」而美國則成為「僅有」的支持「門戶開放」的國家。[29]

這種形勢也迫使美國政府採取行動，而可能的政策選擇不外乎三種。

第一種是趁為時未晚，加入瓜分中國的行列。這是一種「單邊路線」。1899 年初，很多傳言稱美國也將在中國劃分自己的勢力範圍。事實上美國確有這方面的動作。1899 年 1 月，美國駐廈門

　　　帝國定型：美國的 1890-1900

領事就向國務院建議將廈門作為美國的勢力範圍，5月還與清政府官員商討「租借」附近的一個島。但是從收益—成本角度看的話，這種選擇對美國來說顯得非常不明智。在歐洲列強瓜分中國的狂潮中，美國作為「後來者」充其量只能攫取一小片「勢力範圍」，而美國商品的主要出口地區則都處在俄德控制之下，如果彷效英俄相互承認勢力範圍的做法，美國將完全得不償失。另外，這種做法也與美國對中國市場的預期相距甚遠，換言之，美國看中的是整個中國市場，一小片地區對其沒有吸引力。

第二種選擇是聯合其他國家共同支撐「門戶開放」政策，類似「聯盟路線」。在當時的情況下，有可能和美國一起形成某種東亞「三國協約」的國家主要是英國和日本。這兩個國家在「門戶開放」問題上與美國的立場更接近一些，部分美國政客也在談論美、英、日三國形成「門戶開放協約」的可能性。[30] 但在列強在華矛盾日益尖銳的情況下，美國聯合英日維護「門戶開放」存在兩大弊端：一是美國將由此與英日兩國共進退，從而失去原先的「行動自由」；二是可能由此捲入列強之間的矛盾和對抗，從而不得不在一些敵對陣營之間「選邊站」，甚至可能被迫結成某種聯盟。這對美國來說代價過大，更何況英國與日本的立場本身就不確定，像美國國務院官員柔克義就認為英國「和俄國一樣都是在華（門戶開放）的侵犯者」。[31] 所以早在1899年初，美國政府就已經排除了這一政策選擇。國務卿海約翰在給《紐約太陽報》一位編輯的信中寫道：「最佳政策是積極保護我們的商業利益，同時不與其他有興趣的強國形成正式聯盟。」[32] 而美國在1898年3月、12月，以及1899年1月三次拒絕與英國聯合行動，也正反映了這種考慮。

第三種是走「大國協調」路線，在列強之間形成一個基本共

識或非正式的協定來支持「門戶開放」。比較而言，這是三種選擇中操作難度最大的一種，似乎也最不保險。但這種「大國協調」路線如果成功，就可以最大限度地保證美國利用整個中國市場，這是其一。其二，當時列強在華矛盾日益尖銳，逐步形成以英日為一方，法俄為另一方的陣營，這種格局又與德法俄在歐洲的勢力均衡不時互動，形成了一種非常微妙的平衡。這種「歐洲式」的權力政治結構有利於美國作為「第三方」充分施展手段，促成一種列強之間的基本協調。其三，當時列強對在東亞的競爭失控有一種普遍的擔心，客觀上也希望避免因瓜分中國而相互開戰。而以某種「大國協調「的方式強調維護「門戶開放」，有助於掩蓋甚至弱化矛盾，有可能被列強接受。1899 年 8 月 15 日，俄國沙皇發表敕令，宣佈大連灣為自由港。同時一位據稱與沙皇關係密切的俄國親王在《北美評論》上發表文章，表示俄國願意考慮保證「中國的獨立和領土完整」。此事也給了美國政府進一步的信心。[33] 其四，這種做法的國內阻力也最小。當時美國國內因兼併菲律賓群島問題已經出現了激烈的爭論，前兩種選擇會遭到美國國內「反帝國主義派」或堅持孤立主義的保守派的攻擊，而以大國協調的方式共同保證「門戶開放」，則能得到美國國內「反帝國主義派」和「帝國主義派」的一致支持。這對 1900 年的總統大選非常有利。

最終，美國政府選擇的正是第三種做法，這也是著名的「門戶開放」照會的基本思路。

「門戶開放」照會

　　海約翰向來不喜歡倉促行動，在 1899 年春形勢緊張時，他更加謹慎，以免貿然行動而被看成針對某個特定大國。到 1899 年夏天，列強瓜分中國的高潮似乎暫告一段落，特別是俄國沙皇類似「門戶開放」的敕令也顯示了某種機遇。在這種情況下，海約翰於 8 月 24 日要求國務院亞洲事務顧問柔克義準備一份備忘錄，擬向列強提出「正式交涉」，要求「最近（列強）擴張勢力範圍的行動不會導致我們在華的商業自由受限」。[34] 柔克義對此非常積極。此前，他就與中國海關的一名英國僱員賀璧理（Alfred Hippisley）多次討論過這一問題，後者還曾建議美國牽頭維護在華門戶開放。[35] 柔克義的備忘錄將賀璧理的主要觀點基本都吸收了進來，從而形成第一次「門戶開放」照會的文本基礎。

第一次「門戶開放」照會

　　在 8 月 28 日的備忘錄中，柔克義一開始就引用了查爾斯·布雷斯福德關於英美聯合維護「門戶開放」的觀點。但他馬上指出，這種傳統的「門戶開放」政策由於否定「勢力範圍」，在現實中已經難以為繼。對美國來說，歐洲列強在華攫取的勢力範圍「必須作為既成事實接受下來」，下一步的政策只能在這一條件下實施，而重點則落到「美國的商人階層所要求的……在華貿易的健康擴展」。為了實現這一點，柔克義認為美國應立即開始與在華擁有勢力範圍的列強進行談判，要求後者在三點上作出保證：（一）「所謂的利益範圍」不得以任何形式干擾以往條約中規定開放的「通商口岸」和外國的其他既有利益；（二）列強在各自勢力範圍之內開

放的港口或為自由港，或採取中國關稅稅率，關稅由中國政府收取；（三）在各自勢力範圍內，不得對其他國家進出港口的船隻徵收比本國船隻更高的費用，也不得對其他國家經過其勢力範圍的貨物運輸徵收比本國更高的鐵路費。[36]

可以看出，柔克義備忘錄提出的是一個「弱化版」的「門戶開放」政策，不僅沒有反對「勢力範圍」，而且連通常強調的維護「中國主權和領土完整」這句空話都沒有提。即使在保證機會均等的三點要求中，備忘錄也只關注一般性的商業貿易，對當時列強之間競爭非常激烈的對華貸款、在華修築鐵路和礦產開採權益則根本沒有涉及。在這一備忘錄的基礎上，海約翰於 9 月 6 日向英、德、俄發出了著名的「門戶開放」照會，稍後又將照會副本發給日本、法國和意大利。與柔克義的備忘錄相比，海約翰的正式照會似乎將「門戶開放」政策的弱化程度稍微回調了一些，比如在對英國的照會中，其前言部分還是提到了「維護中國的完整」，同時所有照會都在「勢力範圍」前加上了「所謂的」這一限定詞。需要指出的是，這是海約翰為了談判所作的一點技術性處理，也是為美國以後的政策微調留下一個小窗口，與其對華立場沒有任何關係。事實上，海約翰「門戶開放」照會的一個重要特點就是完全將中國作為一個被動的角色，或者說只是一個列強競爭的場所而非一個國家。美國發出照會前後根本沒有告之中國政府，直到中國政府詢問後才予以回應，而且回應的要點實際上是要求：「皇帝的政府不得與他國形成任何不利於美國貿易的安排。」[37]

照會發出後就是談判。一開始，美國選擇與英、德、俄三國同時談判。在柔克義看來，英國傳統上就主張「門戶開放」，德國在華利益主要是金融而非貿易，與美國沒有多少貿易競爭，而俄國

帝國定型：美國的 1890-1900

沙皇 8 月份的敕令剛剛發表，所以這三個國家應該比較容易接受美國照會。他認為列強中最有可能持反對立場的是法國，[38] 因而建議海約翰推遲發照會，以便先得到其盟國 —— 俄國的贊成，而後再以此對其施加影響。但事實證明他的估算有誤。英國此時的「門戶開放」是一種兩邊下注的政策，既要佔有勢力範圍，又要爭取更多的地區向英國商品開放，因此對美國的照會不是很積極。英國抓住美國照會只提「勢力範圍」而未提「租界」這一紕漏，提出要將列強在華「租界」排除在外。然而美國最關心的各通商港口多數都在租界內，如果按英國的要求，美國的「門戶開放」照會就完全失去意義。德國此時正推行所謂的「世界政策」，極力在英國和法俄同盟之間走一條「中間路線」，因此也不願第一個答應美國的要求。俄國更是不希望被某種含糊的「原則」捆住手腳，而且認為沙皇 8 月的敕令已經表達了這層意思，用不着再行重複。這樣，美國第一輪外交工作基本失敗。

面對這一情況，海約翰在策略上進行了很大調整。他一改柔克義同時談判的辦法，轉而採取「各個擊破」，而第一個突破口正是柔克義所不重視的日本。他認為，日本在華勢力比較單薄，在貿易方面的立場也與英美接近，容易被說動，第二個對象才是英國。結果日本對美國照會很快就作出積極回應，而與英國的談判則比較麻煩。英國方面堅持租界例外，最後美國提出妥協：將租界區分為民用租界和軍事用途租界，其中後者被排除在「門戶開放」政策的適用範圍之外。但海約翰也向英國提出附加條件，即英國不得將美國的這一讓步向外界透露。最終英國於 12 月對美國照會給出了肯定的答覆。

對於剩下的德、法、俄三國，海約翰也有一個精確的判斷。

他認為德國應是下一個爭取的對象，因為德國的「中間路線」實際上也是一個「騎牆政策」，最終必然會倒向多數派一邊。當得到英國和日本的贊同後，海約翰就有把握再一次對德國施加壓力。很快，德國就非正式地宣佈「德國在華政策事實上就是門戶開放，德國建議在未來也保持這一原則」，但對公開表態則始終猶豫。最後海約翰從德國人那裏得到了一項保證，那就是「如果其他列強同意，德國就同意」，而且允許美國將德國的這一立場告訴其他國家。[39] 對於法俄兩國，海約翰一直認為俄國才是實現在華「門戶開放」最大的障礙，而說服法國的難度要小得多，所以他按先法國、後俄國的順序進行談判。在談判中，法國一開始對照會的第三條有異議，但當得知其最主要的對手——德國已經基本同意後，法國內閣就不再提出其他建議，很快「實質上同意」美國照會提出的「門戶開放」政策，不過對第三條「有一定保留」。

最後才是與俄國的談判，也是最艱苦的談判。在俄國人看來，美國照會幾乎就是衝着俄國來的，因為當時俄國是列強中唯一已經在中國修築鐵路的國家，而且 1896 年中俄《禦敵互相援助條約》（即《中俄密約》）和稍後的《合辦東省鐵路公司合同章程》規定，中東鐵路的建造和經營管理等事項完全由華俄道勝銀行管理。換言之，俄國可以自由地收取中東鐵路運營費用，而「門戶開放」照會第三條中關於鐵路收費的要求恰恰奪走了這一好處。因此，對於美國照會的要求，俄國堅持拒絕。一位俄國官員還頗為理直氣壯地說：「既然是我們建造了鐵路，那我想我們就可以給自己人民一些優惠。」[40] 對此，海約翰也是兩手並用，一方面威脅說要讓麥金萊總統在國會宣佈其建議「除了俄國外」已被其他所有列強接受，另一方面又努力讓俄國相信，與美國保持良好關係有利於其

在中國獲得更大利益。最終俄國表示基本同意美國照會，但對於照會的第三條卻隻字未提。這樣的答覆當然使美國感到不滿意，柔克義就認為「俄國的答覆是不完整的……按美國人的說法就是『上面還拽着一根線』」。但海約翰和柔克義都非常清楚，美國是利用了歐洲勢力均衡和東亞格局之間的微妙互動才得以實現自己的目標，如果繼續對俄國施壓則可能破壞這種互動，一些歐洲列強會擔心有損自己在歐洲勢力均衡中的地位「而撤回原先的贊同立場」。[41] 這也從一個角度證明，美國在華推行「門戶開放」的基礎是歐洲列強之間的權力制衡。

美國最終也接受了俄國「不完整」的答覆，條件是俄方同意美國宣佈「俄國答覆是肯定的」。這樣，在 1900 年 3 月 20 日，國務卿海約翰就可以宣佈列強對美國照會都作了「肯定的答覆」。

第二次「門戶開放」照會

海約翰還沒來得及評估一下照會的效果，中國的形勢就發生了巨大變動。1900 年 5 月底，義和團運動進入高潮，開始大規模襲擊在華外國人。6 月，清政府公開支持義和團並允許其進京。與此同時，西摩爾率領兩千人的軍隊沿北京—塘沽鐵路線向北京進攻，已經與義和團進入交戰狀態。到 6 月下旬，清軍和義和團開始圍攻北京的使館區。從列強的角度來看，當務之急是派軍隊入侵北京以解使館區之圍，但其真正擔心的是在華利益格局被徹底破壞。當時很多西方人懷疑清政府支持義和團圍攻使館是俄國的陰謀，以便掃除其他列強在華勢力，獨霸中國東北和華北。英國首相索爾茲伯里並不相信這種「俄國陰謀論」，但他非常擔心俄國趁機對中國進行軍事征服：「在我看來，俄國而非中國才是當前最大的

危險。」[42] 而在俄國決策層內部，如何侵略中國一直有兩派意見。一派以財政大臣維特為代表，主張用財政、貿易、鐵路修築等手段對中國進行滲透，「和平」地攫取最大份額的在華利益，俄國外交部總體上也傾向這一派；另一派則以陸軍大臣為代表，主張用軍事手段強行佔領中國領土並進行直接控制。可以說，19世紀末，這兩派意見一直在競爭，對沙皇的影響也互有消長。但在1900年義和團運動高漲時，陸軍明顯佔了上風，陸軍大臣克魯巴特金興奮地說：「我非常高興。這給了我們一個藉口來攫取滿洲，我們要把滿洲變成第二個布哈拉。」[43] 他還直言不諱地告訴德國外交官：俄國對獲得中國東北的興趣遠遠大於對解圍北京使館區的興趣。[44] 隨着大量俄軍佔領東北並不斷深入京津地區，俄國的軍事征服開始變為現實。

在這種情況下，美國在華「門戶開放」當然面臨嚴重衝擊。海約翰知道，他的「門戶開放」照會精心構造了一種在華利益格局，不過這種成果建立在列強之間微妙的共識基礎之上，實際非常脆弱。義和團運動的爆發和列強借機大量派兵完全可能將這一成果輕易摧毀。海約翰一開始想與英國聯合起來對抗俄國的軍事擴張，但他明白國內政治絕不會允許這麼做，因而只能在給助理國務卿埃迪的信中發牢騷：「要不是因為我們的國內政治，我們就可以，也應該與英國聯合起來 …… 但目前公眾對英國的病態心理使這一點連想都不用想。」[45] 作為替代，海約翰只能先採取比較保險的「獨立行動」，一方面向中國派出部隊組成八國聯軍，另一方面又指示駐華公使康格和侵華美軍指揮官「避免陷入其他國家的糾葛」，「獨立採取保護美國利益的行動」。因此在其他列強聯合要求中國大沽口守軍投降時，美國並沒有參與，也沒有參加後來對大沽口炮台的

聯合炮擊。⁴⁶ 不過，這種沒有具體目標的「行動自由」並無實際意義，反而使美國進一步失去對其他列強的影響力。隨着戰場形勢的變化，尤其是俄國軍隊不斷深入中國境內，海約翰決心改變做法，趁着其他列強尚未在華攫取更多利益之前再度強調在華「門戶開放」，以便在亂局中爭取主動。

1900 年 7 月 3 日，當八國聯軍與中國軍民在天津激戰時，海約翰向各國發出了照會，聲明美國政府將與列強合作並追求四個目標：一是打通與北京的聯繫並救出「處於危境中的」美國人；二是為在全中國的美國人的生命和財產提供「所有可能的保護」；三是保護美國的所有合法利益；四是防止混亂向中國別的省份蔓延以及「此種災難的重演」。然後照會又着重指出：「美國政府的政策是謀求一項解決辦法，其應能給中國帶來持久的安全與和平，保持中國領土和行政完整，保護條約和國際法賦予各友好國家的一切權利，並維護世界各國在中華帝國各地進行平等公平貿易的原則。」⁴⁷ 可以看出，所謂的第二次「門戶開放」照會與前一次照會內容有了較大差別，其中最主要的就是增加了第一次照會刻意迴避的「保持中國領土和行政完整」，從而使美國的「門戶開放」政策從原先的「弱化版」再度回到了「傳統版」。另外，第一次照會所說的「門戶開放」原則只適用於勢力範圍和租借地，而此次照會卻將其擴展到全中國，進一步凸顯了美國的眼光和野心。

從技術細節上看，兩次照會也存在區別。首先，第一次照會給各國的版本略有差異，而第二次照會則是同一版本的「群發」。其次，第一次照會要求列強回覆，而第二次根本沒有這樣的要求。其原因是，海約翰本人對列強是否會同意美國立場並無信心，所以乾脆就將第二次照會弄成純粹的政策宣示。結果卻出乎其所料，因

為派兵侵略中國的列強各懷鬼胎，彼此之間也非常戒備，美國照會的適時出現正好給了他們一個自我表白的機會。在八國聯軍侵華過程中攫取利益最多、謀求佔領中國東北的俄國此時就借勢宣稱，反對一切可能導致瓜分中國的行動。德法等國也作了同樣的聲明。

第二次「門戶開放」照會的意外成功並沒讓海約翰掉以輕心。事實上，在 1900 年下半年美國還將面對一系列難題。維持所謂在華「門戶開放」和很多重大外交事件一樣，宏偉的言辭背後是各種艱苦而瑣碎的工作，退讓與挫折時有發生，往往只有那些高度務實、堅韌，又能同時把握宏觀趨勢和細節的人才可能獲得成功。用海約翰自己的話來說，美國在第二次「門戶開放」照會後的政策就是一種「膽小的機會主義」，即盡力不在衝突中「選邊站」，同時走一步看一步，就事論事，靈活應變。比較突出的例子就是 1900 年夏要求日本增兵一事。在八國聯軍侵華過程中，英國最擔心的就是俄國借兵力優勢大量攫取在華利益，為此迫切希望立場相近的日本向中國增兵，以便在八國聯軍內部形成某種「軍力平衡」。美國對這一建議非常贊同，但為了不得罪俄國，海約翰又提出日本增兵一事需事先取得其他各國同意。俄國接到此項建議後，就向英國發出照會進行正式質問，英俄矛盾加劇。在這種情況下，海約翰極力推脫，甚至以「沒有看到俄國照會的正式文本」為藉口，始終拒絕在英俄之間表態，最終成功避過一場外交衝突。這樣經過幾個月的努力，海約翰在 1900 年下半年時可以在信中寫道：「看起來『門戶開放』終於有一些機會了。」[48]

兩次「門戶開放」照會的簡短評價

對美國兩次「門戶開放」照會的評價一直有很大差異。在

當時，「門戶開放」照會在美國國內獲得高度評價，多數美國人相信，兩次照會確實保證了美國在華商業利益和中國市場的「開放」。商界對政府的這一行動尤其擁護，「帝國主義派」和「反帝國主義派」這兩大陣營也同時表示支持，這些都對麥金萊總統在1900年成功競選連任起到了積極作用。一些美國報紙（如《紐約先驅報》等）則認為兩次照會向歐洲列強宣示了美國的立場，尤其是第二次門戶開放照會更是「將所有列強結合在一個聯盟之中」，體現出美國「在華事務上的領導地位」。[49] 而在以後，很多歷史學家卻對海約翰的這一行動評價甚低，認為兩次照會沒有任何實質性的結果，所以僅僅是美國政府的一次無效表態。

如果僅從維護在華「門戶開放」的效果來看，美國的兩次照會確實作用非常有限。照會本身對「門戶開放」政策的表述就是含糊不清的，用一位海約翰傳記作者的話來說，如果想弄清照會到底「承認、得到，甚至提到了甚麼樣的新權利」，那就「需要不止一個律師」。[50] 起草第一次照會文本的柔克義本人也沒有把此事看得很重。他在給海約翰的信中寫道，他的備忘錄只是「（與列強）談判以尋求某種在華『妥協』（他用拉丁文 modus vivendi）的要點」。[51] 而在現實中，兩次「門戶開放」照會沒能阻止列強，特別是俄國對中國的進一步瓜分，列強對照會的積極反應更多的是一種外交姿態。海約翰本人非常清楚這一點。就在俄國對「門戶開放」照會作出積極反應後，他表面上很高興，私下卻稱俄國的保證「和一個賭徒的發誓一樣不可靠」。[52] 更有意思的是，照會甚至不能代表美國政府自身的「門戶開放」政策。從1900年以後的情況看，美國在「門戶開放」政策的解釋和實施問題上不斷搖擺，經常會出現自相矛盾的狀態。[53] 甚至就在第二次「門戶開放」照會發出

幾個月後，美國政府居然提出租借福建省三沙灣作為海軍基地，結果清政府援引美國「門戶開放」照會加以拒絕。

但是，如果跳出兩次照會的具體時間和地域限制，將其放入美國 1890 年以後海外擴張的整個進程，那麼「門戶開放」照會的意義就有另外一種解讀。在 19 世紀末的十年中，美國奉行了一種以貿易擴張為主的海外擴張道路，以便擺脫國內的經濟和社會壓力。在外交、商貿、關稅等各方面政策的支撐下，這種形式的海外擴張使美國將巨大的產能過剩從一個嚴重問題轉化為一種國家優勢，並且以很高的效費比建立起一個不同於以往的新型帝國。但是，美國這種擴張形式一直存在搖擺和反復，尤其是吞併菲律賓被認為是對「貿易擴張」道路的一次較大偏離，可能重走歐洲列強的殖民帝國老路，從而引發了美國國內的一場大爭論。「門戶開放」照會發出的時間正值這場爭論的高峰，其涉及對象又恰好是預期中最大的海外市場 —— 中國。在這種情況下，「門戶開放」照會自然也成為這場「路線之爭」的一部分，其所宣揚的「保全中國」、「機會均等」理念實際就從一個側面為爭論定調，再度明確了美國以貿易擴張為主的海外擴張道路。而圍繞「門戶開放」照會的報道、討論和評價則相當於在美國國內進行了一次社會動員，並成功地在擴張道路問題上重新凝聚起共識，兩次照會獲得「帝國主義派」和「反帝國主義派」的一致支持就是很好的證明。因此，兩次「門戶開放」照會的真正意義體現在美國國內，是一種對海外擴張方法論的再度明確，並由此確定了「美式帝國」的基本形態。

美式帝國的定型

　　時間巧合往往使歷史帶有某種戲劇性色彩。從 1890 年美國人口普查局宣佈「邊疆關閉」到 1900 年第二次「門戶開放」照會恰好是整整 10 年。這一階段以「關閉」一詞為開頭，意味着一個舊時代的結束；以「開放」一詞作結尾，正值新世紀的開始。

　　從外在表現來看，美國在十年內從一個地域性大國基本轉變為一個世界性帝國。這種轉變除了具體政策的調整外，更深層的是理念的轉型：

　　其一，攫取大量領土並加以直接控制被視為不必要的、高成本的行為。在當時的美國人看來，這種成本既體現在為管理殖民地而付出的財政和軍事成本，也體現為政治成本：在國際政治方面是增加與其他大國衝突的可能，在國內政治領域則是損害民主制度和聯邦制度的風險。

　　其二，強調獲得戰略要點和建立強大的海軍，以便為海外貿易擴張提供保護並實現對遙遠地區的影響。尤其需要指出的是，美國在這十年內基本完成了大陸國家向海洋國家的轉型，其中體現得最明顯的並不是海軍實力的增加，而是海軍運用理念的變化。在這十年的前半期，美國在這方面秉持的還是一種典型的大陸國家理念，即將海軍看成是陸地防禦向海洋方向的延伸，激進一點的還強調劃分海上「勢力範圍」，比如曾任眾議院海軍事務委員會主席的弗雷德‧塔爾博特（J. Fred Talbott）就聲稱「美國艦隊應該主宰大西洋西部和太平洋東部」。[54] 到這十年的後半期，這種典型大陸國家的論調明顯減少，取而代之的是一種「由海看陸」的海洋型國家視角：海軍的作用是控制海洋這一「人們藉以通向四面八方的

大道」，使商品、人和國家的影響力到達世界各地，而佔有「戰略要點」則是為海軍的這種「自由進入」提供必要支撐。換言之，並不是海洋為陸地提供保障，而是陸地為海洋提供保障。

其三，強調機會均等的貿易競爭。這是建立在實力和信心之上的一種理念，即由於美國的生產能力已經佔有優勢，那麼越是機會均等，美國的優勢就越能得到最好的發揮。在這十年中，美國調整保護性關稅政策，宣揚在華「門戶開放」均體現了這一點。

由此產生了一個新型的帝國。到 1900 年，這一帝國自身的基礎性特徵已經完全具備，未來的發展道路和方向也已確立。首先，從基本形態上看，「美式帝國」與歷史上荷蘭、英國這兩個海洋型帝國有較多共同點，比如其基礎是主導性經濟技術領域的領先地位，而不是單純的經濟規模和軍事優勢，並且這種領先地位是在一種開放的體系中實現和維持的。其次，與荷蘭和英帝國一樣，美國作為一個帝國的擴張與維繫在很大程度上也高度依賴制度性安排，以此來節約帝國的成本並有效發揮自身優勢。美國對泛美體系的推動，對「門戶開放」政策的承襲與主導，都是這方面的典型例子。所以說美國的帝國形態從一開始就自在地包含了「制度性霸權」的因子。再次，美式帝國同樣離不開對海洋的控制，正是太平洋上夏威夷群島、威克島、關島、薩摩亞群島等「戰略要點」的獲得和美國海軍的發展，形成了支撐整個帝國的「骨架」，美國才有資格在列強爭衡的世界上佔有一席之地。但是，與以往海洋型帝國不同的是，美國更加徹底地擺脫了對領土擴張的依賴。英國在歷史上也曾反對過多佔有海外領土，到 1815 年拿破崙戰爭結束時還將自己的帝國看成一個由港口、島嶼和沿海地區構成的集合體，海軍和商船則是將各部分匯集在一起的紐帶。但 1800 到 1900 年間，英

帝國陸地面積卻足足增加了七倍，統治的人口增加了 20 倍，成為一個擁有廣大殖民地的、陸地化的帝國，從而使英帝國陷入了歷史上帝國「過度擴張」的陷阱，也加速了帝國的衰落。[55] 而 1900 年的美國則嚴格地對攫取海外領土進行自我限制，就在當年的總統大選中，一度大力推動兼併海外領土的麥金萊和西奧多・羅斯福都公開承諾不再進一步攫取海外領土，強調美國將繼續致力於海外擴張，但只是貿易和影響力的擴張。[56] 同時，美國對美西戰爭後的海外領土兼併也改變了看法，更多地將其作為貿易擴張的一部分：「最近獲得的領土只是我們未來貿易的前哨站，它們的重要性主要並不在於自身的資源和能力，而是在於它們作為發展遠東貿易的交往門戶的無可爭議的價值。」[57] 這種特點的要義在於，美國作為一個帝國主要不是以有形的土地，而是以無形的貿易或者影響力作為疆域，因而也具有了無遠不至、無孔不入的潛能。

當然，過於強調這種相對無形的擴張模式，可能會掩蓋美式帝國的另一個重要特徵，即它本身是一個洲際規模的大國，擁有驚人的自然資源和雄厚的技術經濟力量。在 19 世紀末美國國內大力推動海外貿易時，不少人有意無意地忽略了一個事實，那就是海外市場在高峰時期也只消費了美國產出的 10%，即使時至今日，國內市場對美國來說依然是第一位的。這種自給自足的能力對美國的世界帝國道路永遠有着雙重的影響：（一）在擴建和維繫一個帝國的能力方面，美國遠遠超過了歷史上荷蘭、英國等純粹的海洋型帝國。第二次世界大戰時美國動員起空前的力量投入歐洲和太平洋戰場、冷戰時對蘇聯進行全面遏制，都充分顯示了這一點。（二）在維繫一個世界帝國的意願方面，美國則相對不穩定。以英美兩國相比較，失去帝國的英國只能是一個普通的中等國家，而美國即使不

再是一個世界性帝國，其在國際格局中的地位依然數一數二。這是孤立主義在美國長期盛行的一個重要原因，美國的對外政策經常需要某種社會動員來克服這種深層的傳統。另外，這也使美式帝國在諸如「原則」、「規則」等方面往往比英帝國更加務實，當然也更加功利，在改變規則、進行「戰線收縮」甚或局部地放棄帝國時，其心理負擔比英國要小得多。

就在帝國定型後大約半個世紀，美國以二次大戰勝利者的身份登上了世界霸權國的位子，美式帝國也成為真正意義上的全球性帝國。作為霸權國，美國建立起了世界最強大的軍事機器，海外擴張和施加影響的主要途徑也從貿易轉向金融、文化等更加隱蔽，也更具滲透力的力量。但是，帝國基礎性的特徵和內在邏輯都還是19世紀最後十年中確定下來的。作為美式帝國的「定型期」，這十年將始終是解讀美國霸權最關鍵的一個歷史階段。

註釋

1 Charles S. Campbell, Jr., *Special Business Interests and the Open Door Policy* (Yale University Press, 1951), p.12.

2 Paul A. Varg, "The Myth of the China Market, 1890-1914," *The American Historical Review* 73.3 (Feb. 1968), pp.742-758.

3 Thomas J. McCormick, *China Market: America's Quest for Informal Empire 1893-1901* (Chicago: Quadrangle Books, 1967), p.131.

4 Charles S. Campbell Jr., *Special Business Interests and the Open Door Policy*, pp.11-12.

5 Ibid., p.19-20.

6 Walter LaFeber, *The New Empire*, p.378.

7 Charles S. Campbell Jr., *Special Business Interests and the Open Door Policy*, p.9.

8 Thomas J. McCormick, *China Market*, p.129.

9 Bradford Perkins, *The Great Rapprochement*, p.209.

10 Ibid., p.68.

11 Thomas J. McCormick, *China Market*, pp.71-72.

12 Charles S. Campbell Jr., *Special Business Interests and the Open Door Policy*, p.28.

13 Thomas J. McCormick, *China Market*, p.74.

14 Yoneyuki Sugita, "The Rise of an American Principle in China: A Reinterpretation of the First Open Door Notes toward China," in Richard Jensen, Jon Davidann & Yoneyuki Sugita, eds., *Trans-Pacific Relations: America, Europe, and Asia in the Twentieth Century* (Westport: Praeger Publishers, 2003), p.7.

15 William L. Langer, *The Diplomacy of Imperialism 1890-1902*, vol.2, p.681.

16 William Appleman Williams ed., *The Shaping of American Diplomacy* vol.1, p.369.

17 Walter LaFeber, *The New Empire*, p.380.

18 該委員會在當年 6 月改組為「美國亞洲協會」，加強了組織和公關能力，還出版刊物，其成員包括後來「門戶開放」照會的起草人、後來任駐華公使的柔克義，在美國對華政策方面發揮了很大影響。駐

華公使田貝卸任後成為該組織的名譽會員。

19 Walter LaFeber, *The New Empire*, p.357.

20 Charles S. Campbell Jr., *Special Business Interests and the Open Door Policy*, p.45.

21 Thomas J. McCormick, "Insular Imperialism and the Open Door: The China Market and the Spanish-American War," *Pacific Historical Review* 32.2 (May 1963), p.161.

22 Lewis L. Gould, *The Presidency of William McKinley* (University Press of Kansas, 1983), p.201.

23 Thomas J. McCormick, *China Market*, p.125.

24 Ibid., p.96.

25 Charles S. Campbell, *Anglo-American Understanding 1898-1903* (Baltimore: Johns Hopkins Press, 1957), pp.15-16.

26 Richard Olney, "International Isolation of the United States," *Atlantic Monthly* 81.5 (May 1898), pp.577-588.

27 Thomas J. McCormick, *China Market*, p.98.

28 Charles S. Campbell Jr., *Special Business Interests and the Open Door Policy*, pp.47-48.

29 Charles S. Campbell Jr., *Special Business Interests and the Open Door Policy*, p.52.

30 後來美國總統西奧多‧羅斯福的東亞政策就與這種選擇相類似。見 Thomas J. McCormick, *China Market*, p.136。

31 Paul A. Varg, "William Woodville Rockhill and the Open Door Notes," *The Journal of Modern History* 24.4 (Dec. 1952), p.377.

32 William Roscoe Thayer, *The Life and Letters of John Hay* vol.2 (New York: Houghton Mifflin Company, 1915), p.241.

33 Paul A. Varg, "William Woodville Rockhill and the Open Door Notes," p.378.

34 Thomas J. McCormick, *China Market*, p.114.

35 兩人均對英國人查爾斯‧貝雷斯福德（Charles Beresford）的《中國的崩潰》一書十分關注，而此書主要就是呼籲英美兩國共同維護在華「門戶開放」，以免中國遭到瓜分後兩國利益受損。

36　William Appleman Williams, ed., *The Shaping of American Diplomacy* vol.1, pp.374-376.

37　Thomas J. McCormick, *China Market*, p.145.

38　這一點很可能來源於他對法國殖民地政策的印象。1890 年代末美國棉花出口商遭到的最嚴重的挫敗就在法屬殖民地。美國曾是非洲馬達加斯加島最大的棉花供應方，但 1896 年法國吞併該島後，在第二年就實施了有利於法國商品的差別關稅政策，結果美國對馬達加斯加的棉花出口額一下子從 1897 年的 43 萬美元下降到 1899 年的 245 美元，而法國的棉花出口額則大幅提高。見 Charles S. Campbell Jr., "American Business Interests and the Open Door in China," *The Far Eastern Quarterly* 1.1 (Nov. 1941), p.46, note 13。

39　Thomas J. McCormick, *China Market*, pp.148-149.

40　Ibid., p.151.

41　Paul A. Varg, "William Woodville Rockhill and the Open Door Notes," p.379.

42　William L. Langer, *The Diplomacy of Imperialism 1890-1902* vol.2, p.695.

43　布哈拉為古絲綢之路上的重要城市，在唐代被稱為「捕喝」。從 1860 年代開始，布哈拉汗國被俄國軍事征服並簽訂一系列不平等條約，完全淪為俄國的「保護國」。今屬烏茲別克斯坦。

44　William L. Langer, *The Diplomacy of Imperialism 1890-1902* vol.2, pp.695-696.

45　Bradford Perkins, *The Great Rapprochement*, p.216.

46　Thomas J. McCormick, *China Market*, pp.158-159.

47　William Appleman Williams, ed., *The Shaping of American Diplomacy* vol.1, p.380.

48　Thomas J. McCormick, *China Market*, p.175.

49　Ibid., p.160.

50　Tyler Dennett, *John Hay: From Poetry to Politics* (New York: Dodd, Mead & Company, 1934), p.295.

51　Paul A. Varg, "William Woodville Rockhill and the Open Door Notes," p.380.

52　Tyler Dennett, *John Hay: From Poetry to Politics*, p.317.

53　美國「門戶開放」政策的實際演變，參見 Raymond A. Esthus, "The

Changing Concept of the Open Door, 1899-1910," *The Mississippi Valley Historical Review* 46.3 (Dec. 1959), pp.435-454。

54 Walter LaFeber, *The New Empire*, p.236.

55 T.O. Lloyd, *The British Empire 1558-1983* (New York: Oxford University Press, 1984), p.138.

56 Ernest R. May, *American Imperialism*, pp.216-218.

57 Thomas J. McCormick, "Insular Imperialism and the Open Door: The China Market and the Spanish-American War," p.161.

超大國家的崛起
與擴張

從歷史中尋找啓示與歷史研究是兩回事。對美國這種比較特殊的國家，要從其歷史中尋求某種有普遍性的，甚至是有借鑑意義的東西，則尤需謹慎。托克維爾就曾提醒道：「美國人的際遇完全是一個例外，我相信今後不會再有一個民主的民族能逢這樣的際遇。」[1] 不過，如果從歷史哲學的角度來審視美國 1890 至 1900 年的經歷，那麼其特殊性就不在於美國具體的地理、經濟和文化條件，而在於這是一個極為少見的超大國家崛起和擴張的案例。這裏所謂超大國家（Superstate）的概念，是相對於近代歷史上英、法、德等傳統歐洲列強而言的，其基本含義就是在幅員規模上成倍於一般意義的中等強國。正是由於其規模，這類國家的崛起和擴張對外界產生的影響極大，可能引發的反彈也極大，此其一；其二，國內進程有可能在相當程度上影響到國際進程，換言之，這類國家擁有通過改變自己而改變世界的潛能；其三，與既有國際制度的相容程度是此類國家崛起過程中的關鍵變量。從這些要點出發總結 1890 至 1900 年美國的崛起與擴張，也許能夠得出一些具有相對規律性的東西。

擴張的內化

德國 19 世紀最為著名的歷史學家蘭克（Leopold von Ranke）曾提出「對外政策優先」（Primat der Aussenpolitik）的概念，他認為，成功的對外政策可以使一個國家獨立於其他國家的干預，發展和完善自己的民族特性和憲法體系等，因而對國家來說處於首要地位。[2] 無論其他國家的情況是否符合這種假設，對 19 世紀末的美國來說，該理論顯然不太適用，甚至可以說是恰恰相反的。

對於美國這樣一個擁有廣袤內陸、經濟上可以自給自足的超大國家來說，內部因素往往比外部力量更能影響國家的對外行為。從1890至1900年美國的崛起與擴張來看，其中起關鍵作用的就一直是國內社會和政治進程，而不是某種外部的刺激或對外政策本身的突然轉向。實際上，從美國思想界探討如何擺脫「邊疆關閉」帶來的危機和問題，到政府、商界和思想界基本形成推動海外貿易擴張的共識，這一重要步驟完全是在國內政治進程中完成的。在1890至1900年間的海外擴張中，這種國內共識起到了定調子和定方向的功能，為具體的擴張行動提供了關鍵的認知基礎，促進了政府在關稅、外交、軍事等各領域的政策協調。當政府的一些做法出現「偏離」時，這種共識也成為反對派的主要依據，發揮重要的「糾偏」作用。這一點最明顯的表現就是美國吞併整個菲律賓群島後，引發國內強烈反彈並形成了「帝國主義派」和「反帝國主義派」的大爭論，而後者的主要論點基本都來自1890年代初期美國國內對海外擴張途徑的共同認識。另外，美國這十年的海外擴張並不是一種政府行為，而是整個社會在直接或間接地涉足擴張，其中商人和傳教士是在拉美、東亞和夏威夷擴張的真正主力，政府不過是及時適應這種情況並提供支持。從整個海外擴張過程來看，美國社會實際上是通過不斷地自我動員來促使自己「向外看」，從而使整個國家的機構設置、政策制定和社會理念等方面越來越適應海外擴張的需要。簡短地說，美國就是將海外擴張的行為「內化」到國內政治進程和社會生活中，通過改變自身來改變對外行為的方式。

這種「內化」還體現在，國內政治往往是左右外部擴張進程的主導性因素。1890至1900年間，美國海外貿易擴張一直頗為順利，但在涉及兼併少量海外領土的「要點式擴張」中，起遲滯作

用的往往不是外部力量，而是來自國內的反對。以夏威夷為例，1893 年夏威夷政變後，美國兼併該群島的兩次努力都由於國會反對力量的阻止而失敗，直到美西戰爭後才獲得成功。從這一角度來看，美西戰爭對美國擴張的最大貢獻並不在於從西班牙手中奪得一些領土，而在於在國內形成了一種對海外擴張極為有利的氛圍。在這種普遍情緒的推動下，美國國會中主張擴張的激進派得以壓倒反對派，如願以償地吞併夏威夷、關島等太平洋地區的戰略要點。相形之下，戰後美國之所以未能正式吞併古巴，其重要障礙就是來自宣戰前美國國會通過的「泰勒修正案」。從 1890 至 1900 年的整個時期來看，除薩摩亞群島以外（英國與德國是主要因素），其他所有海外領土的兼併均取決於美國國內的政治進程。也正因如此，對西奧多·羅斯福、亨利·卡伯特·洛奇等熱衷於海外擴張的人來說，其主要精力或主要工作就是如何說服國內，而不是去制定某項對外擴張政策。

即使是在諸如海軍等與擴張相關的領域，國內進程也起到了很大作用。1890 至 1900 年是美國海軍實力迅速發展的時期，也是美國從一個大陸國家向海洋國家的轉型期。這一過程並不是因為受到某種外部的威脅或者挑戰，而是源於國家整體實力發展帶來的一種自然需求，是利益驅動和理論牽引（主要是馬漢的海權理論）的綜合過程。比較有意思的是，這一階段影響美國海軍發展最關鍵的因素並不是經費，也不是技術，而是理念問題。1895 年左右，美國海軍建設的思路逐步擺脫傳統的影響，開始將海軍作為「自由到達」、「全球到達」的工具，而不是將其作為大陸軍事體系向海洋方向的延伸。這一理念的變化在很大程度上是馬漢等人思想傳播的結果，決定了此後美國海軍的發展方向，並進一步強化了貿易擴張

和「要點式擴張」的海外擴張模式。同樣，美國關稅調整也主要是國內政治鬥爭的產物，當時以民主黨人為主的低關稅派和以共和黨人為主的保護關稅派（互惠貿易派）相互較量，先後推出了「麥金萊法」、「威爾遜—戈爾曼法」、「丁格雷法」三大關稅法，對這一時期美國海外擴張產生了重大影響，其中就包括在夏威夷、古巴引發叛亂與革命。

對於由海外擴張產生的各種壓力，美國的多數反應也並非直接來自政府。從 1890 至 1900 年的情況來看，這些外部壓力和刺激往往通過某種機理首先作用於國內政治進程，然後才在政府的政策中得到體現。比如吞併菲律賓以後，由於美軍與菲律賓起義軍開戰並引發一場殘酷而持久的戰爭，各種消息傳到美國國內後首先使社會輿論意識到了兼併的代價，自由派人士則對美軍的一些暴行表示震驚，這種傳導作用沿着社會—國會—政府的路徑發揮影響，迫使麥金萊等主要政府決策人改變立場，明確放棄了再度兼併海外領土的意圖，將海外擴張的重點重新放到貿易和影響力擴張上。在中國的情況也有點類似，1897 年德俄等國強佔中國膠州灣和旅順口後，駐華公使田貝是向美國政府提出警報的重要人物，但與此同時，在華有重大商業利益的棉花生產商和紐約、費城等地的商會也行動起來，紛紛通過決議並向政府和國會請願，從而使這種外部的刺激與壓力迅速地得到傳遞，迫使政府盡快採取應對措施。可以說，在每一次重大事件前後，美國各界（尤其是商界和宗教界）都會以決議、公開文章或請願等方式向政府施加壓力和影響，而國會則借此推動一些提案，要求政府行動。這幾乎成為美國應對外部刺激的一個標準程序。

但這就牽涉到另一個重大問題：如何處理各利益集團之間的

分歧。一般而言，海外擴張是一個權力與財富快速增長的過程，同時也是一個重新分配的過程。如果像美國那樣選擇依托海洋和貿易的擴張方式，那麼其中就還涉及權力與財富的迅速分散化，這對任何形式的直接控制都是一個極大的，甚至是顛覆性的挑戰。歷史上像俄國這樣的傳統帝國更願意致力於領土擴張而不是海洋擴張，其中既有生產力水平、文化傳統等方面的原因，又存在着一個制度匹配問題。就美國的情況來看，相對成熟的代議制度在這方面顯示出較大優勢，可以將分散化的，甚至是相互衝突的利益訴求納入統一的國內政治程序，實現比較有效的協調和妥協。這樣，美國就很好地避免了一戰前德意志帝國那種「卡特爾化」（Cartelization）現象，即各大利益集團處於勢均力敵的狀態，結果迫使政府同時追求不同的利益和戰略目標。[3] 在成熟的代議制基礎上，美國國內政治結構的變化也對海外擴張發揮了非常重要的影響。政府與國會的權力天平逐步向政府方向傾斜，這與兩大部門的權力鬥爭有關，同時也是美國文官制度改革的必然結果。正如馬克斯·韋伯所觀察到的那樣，文官制度改革不僅僅是增加專業化行政官員的數量，同時也進一步強化了政府的權力。[4] 隨着政府的專業化，政府與國會的關係越來越像企業中董事會和總經理的關係：公司業務的專業程度越高，董事會在具體問題上的發言權就越少，決策權就越是集中到總經理手中。可以說，如果沒有這種政府的專業化和權力集中，美國將難以應對由海外擴張帶來的迅速膨脹的各類事務，更不可能制定並執行有效統籌全域的政策。所以，美國 1890 至 1900 年的海外擴張儘管以自身改變為基礎，是一種擴張內化的過程，但這種改變也是有條件的，與美國自身的社會結構和政治制度有很大關係。

擴張的「成本敏感度」

收益－成本曲線同樣可以描述一個國家的崛起與擴張。其中，成本一項不僅是國家為擴大實力與權力而進行的廣義投入，也包括由此引發的其他國家的反彈。與一般意義上的強國相比，超大國家的規模決定了其崛起與擴張更容易引發其他國家的疑懼，相關成本更大，也更難控制。這客觀上就要求超大國家對擴張成本更為敏感，以便及時進行政策調整，消除或控制相關成本，從而更有效地發揮其在經濟、政治和安全上的規模效應。1890 至 1900 年的美國就是這樣一個對擴張成本高度敏感的超大國家。

這種敏感度首先體現在擴張途徑的選擇上。美國在 1890 至 1900 年海外擴張的主要形式是貿易擴張，而不是像歐洲列強那樣搶佔更多的海外殖民地。其主要考慮就是後者的成本太高：在政治上，加入眾多其他種族和文化背景的群體可能破壞美國開國元勳們精心構築的民主制度；在經濟上，殖民地的管理需要大量的財政投入，也會牽扯大量行政資源；在安全上，大片的殖民地必須由軍隊提供保衛，而且容易引發與其他國家的摩擦。而美國所追求的市場、原材料等商業利益完全可以在不承擔這些成本的情況下獲得。所以，美國對海外領土總體上抱着一種實用主義的態度，只要美國商人、商品可以在機會均等的條件下自由進入就行，有點類似「不求所有，但求所用」。

在政策層面也是如此。19 世紀歐洲列強的外交文件經常提及「威望」（prestige）一詞，而且「威望」和「利益」一樣，都屬於國家政策應追求的重大目標，也是引發一些戰爭的重要原因。相形之下，美國的外交文件卻很少提到這個詞，實踐中更不可能為

某種抽象的「國家威望」而努力。從 1890 至 1900 年美國的外交經歷來看，美國政府的所作所為基本上都圍繞着實際利益而進行，更確切地說是直接為增加財富服務。這一點在與當時歐洲國家的橫向比較中非常突出，歷史學家埃米莉‧羅森伯格乾脆用「推銷型國家」來形容美國。這種看上去有點極端的做法為美國帶來了兩個明顯的好處：一是避免了國家力量的無謂消耗，二是避免陷入不必要的爭端。如果體現在成本─收益這個算式上，就是成本這一項明顯低於歐洲列強，而收益一項則是在持續地增加。這種此消彼長形成的累積效應進一步加速了美國作為世界性大國的崛起。美國對擴張的「成本敏感度」還體現在一些更加具體的層面。比如在海上力量的建設上，馬漢一開始所設想的美國海上力量是由海軍、海外基地和商船隊三個部分組成。在 1890 年《海權對歷史的影響》一書中，他曾將建設一支強大的商船隊伍放在十分重要的位置：「只有從和平時期的商業和航運中才能夠自然而健康地成長出一支海軍艦隊，以此為基礎一支海軍艦隊才可以安全存在。」[5] 但事實上美國在商船建設上投入非常有限，在 1850 年美國商船還承運了 70%的對外貿易，到 1897 年時就只承運進口貿易的 15%，出口貿易的8.1%，對外貿易運輸絕大部分由外國商船承擔。[6] 美國人認為，由自己建造並保持一支龐大的商船隊伍成本過高，完全可以租用其他國家的商船運輸，而將省下來的資本投到回報高得多的工業生產領域和海軍建設，從而更有效地實現對海洋的控制。馬漢後來重新修正了自己的理論。[7] 這也從一個側面反映出美國在擴張過程中的成本控制傾向。

「成本敏感度」還體現在美國對其他列強的謹慎態度上。表面上看，美國 1890 至 1900 年的海外擴張是一個高歌猛進的過程，

其他列強基本無力阻擋，1895 年克利夫蘭總統在委內瑞拉危機中的強硬諮文和 1898 年的美西戰爭更是強化了這種印象。在國會講演、公開文章中，美國的政客們也喜歡使用一些高調的甚至是非常刺激性的語言，對歐洲列強特別是英國顯示強硬立場。但在這種「豪邁」背後，則是精細的利益判斷和靈活務實的立場。美國在 1890 至 1900 年間，對歐洲列強特別是英、俄、德這三個實力最強的國家，還是比較謹慎的。在拉美和加勒比地區，美國一方面對英德的活動高度關注並不時發出警告，另一方面又小心地控制局勢，盡量避免因此與這兩個國家發生直接對抗，尤其避免出現武力對峙。即使在英美直接對抗的委內瑞拉邊界危機中，美國也有意無意地將對抗限制在外交領域，雙方總體上進行了一場「文鬥」。而且，這場危機也充分反映出，美國的政界和整個國內社會表面上對英強硬，實際卻將與英國的衝突看得很嚴重，避免兩國開戰不僅是政府的底線，也是社會心理的底線。危機在 1895 年底的戲劇性轉折，很大程度上就體現出美國這種謹慎務實的真實立場。值得注意的是，美國政壇高調反英的主將們，如參議員洛奇、國務卿奧爾尼和西奧多‧羅斯福等人在很多問題上又是英美聯合的支持者，這也說明，美國對英國的強硬是有條件的，也是慎重的。

在東亞和中國，美國對列強的這種謹慎態度就更加明顯。美國雖然在總體立場上與英國更加接近，同時也清楚俄國對「門戶開放」的威脅最大，但仍力避在英俄之間「選邊」。美國的兩次「門戶開放」照會（尤其是第一次照會）實質上是一次小心翼翼的大國協調行動，是精心利用列強間的勢力均衡而走的一條中間路線。在第一次照會期間，美國對俄國「不完整」的答覆也故意表示滿意，而在第二次照會後，美國又奉行一種「膽小的機會主義」（國務卿

海約翰語），即盡力不在列強衝突中「選邊」，其核心內容則是不得罪俄國。當英日兩國與俄國因向中國增兵一事關係緊張時，美國極力避免表態，甚至以「沒有看到俄國照會的正式文本」為由進行推脫，[8] 最終成功保持了與各大國之間脆弱的協調。

總體上看，美國在 1890 至 1900 年間的海外擴張中，較高的成本敏感度和良好的成本控制是非常突出的特點，也是美國的崛起沒有遭遇安全困境的一個重要原因。這應該有一定的普遍意義和借鑑意義。

戰略取向

和其他大國崛起一樣，超大國家的崛起與擴張是一個與外界不斷互動的過程，其中與既有國際制度之間的互動最為關鍵。如果這兩者之間總體是一種相容狀態，即超大國家接受既有國際制度，那麼其規模和影響力將對後者產生強大的支撐，而其崛起帶來的權力和利益結構的變化也會遵循某種共同的預期來進行，制度化安排將限制甚至吸收由此造成的動盪和衝擊。反之，如果兩者相容程度較差，超大國家的利益訴求基本不能在既有制度安排內得到實現，那麼它崛起與擴張的最終方向必然要求改變甚至推翻後者，其巨大的規模與勢能則使其成為後者最致命的挑戰。在這種情況下，超大國家往往會面臨強大的外部反彈和壓力，不得不選擇一種「強行突圍」，甚至是全面對抗的方式來實現崛起。蘇聯應該是這方面的典型例子。

因此，對超大國家而言，戰略取向的首要問題就是與既有國際制度的關係，或者說是制度取向。1890 至 1900 年美國的海外擴

張就體現了一種與既有國際制度完全相容的戰略取向。在 19 世紀後半期，國際制度是以英國的貿易和政治理念為核心，強調為世界範圍內商品和資本的自由出入提供支撐，屬於一種自由主義的、比較開放式的制度體系。美國在這一階段的擴張則同樣強調商品的自由出入，其海外勢力範圍總體上是一種開放體系而非排他性的封閉體系，這些在兩次「門戶開放」照會中都得到了較好體現。當然，其中也存在一些「偽善」成份。比如美國在攫取菲律賓後，馬上強調將在菲律賓實行各國「機會均等」的「門戶開放」，然而到 1909 年，美國的關稅法卻完全拋棄了這一承諾，對其他國家在菲貿易實行歧視性政策。[9] 但整體上看，美國的海外擴張還是堅持了這一自由主義的開放體系原則，與當時的國際制度是相吻合的。這與一些歐洲大陸國家，特別是法國構成了鮮明對比，後者的殖民地均用歧視性關稅保護起來，形成了一個封閉的殖民帝國。

另外，美國的海外擴張很大程度上也屬於內涵式擴張，即立足於自身技術和生產能力的提升，然後再以此為基礎推動商品貿易的大規模擴張和海外戰略要地的佔領。強化技術和生產優勢在這一過程中始終居於一個邏輯起點的地位，是擴張的第一推動力。對於這類擴張，當時的國際制度不僅容納，而且某種意義上甚至是「鼓勵」，因為這套國際制度就是由歷史上佔技術生產主導優勢的國家（主要是英荷兩國）所設計的，自然有利於此類國家的利益和權力擴展。而且，與這種內涵式擴張相聯繫的，往往是競爭力位次、佔有市場百分比等相對的、開放的衡量標準，而不是勝者通吃或任何形式的排他性佔領。因此，相對於類似「攤餅」的外延式擴張，這種內涵式擴張往往給競爭對手以反敗為勝的希望（雖然通常是虛幻的），同時也為其留下了相對更多的選擇空間，使得其他感受到

「威脅」的國家缺乏足夠的動力來進行聯合反制，進而降低了衝突的可能。這在某種程度上也可以看成超大國家擴張過程中制度相容性的一種體現。

制度取向的相容性還體現在美國自身的制度偏好上。可能是因為承襲了英國的政治文化傳統，美國在海外擴張過程中也十分注重運用制度設計和制度化安排來爭取和鞏固自身的權力和利益。即使在對拉美這一「後院」的爭奪中，美國在 1890 至 1900 年間也較少使用直接的武力干涉或建立直接控制式的霸權，而是更偏好於確立某種地區性的制度安排來實現並鞏固自己在西半球的主導地位。國務卿布萊恩所力推的「泛美體系」就是其中一個典型例子。美國這種還處於萌芽狀態的「制度性霸權」與英國式的霸權有著直接的淵源關係，在思想根源上相同，在具體內容上相近，在價值取向和利益取向上相一致，從而使美國的崛起與擴張總體上成為當時國際制度體系的一個有利因素。

再看一下地緣戰略取向。這是美國 1890 至 1900 年間海外擴張中一個非常重要的因素，但美國外交文件和政治家的私人信件基本都沒有談及這一點，正如英國外交文件和政治家極少談及「勢力均衡」一樣。從地緣上看，美國海外擴張的方向選擇是非常清晰的，主要是向南和向西，其中前者指向拉美和加勒比海地區，後者指向太平洋和東亞。在這兩個戰略方向，英國和其他歐洲列強雖然也有利益存在，甚至有一些軍事基地，但遠非其核心利益區。美國選擇這兩個方向進行重點擴張，不僅有利於發揮其地緣優勢，而且阻力較小，不易和歐洲列強特別是英國發生正面碰撞。尤其在太平洋方向，英國等列強的利益和力量都比較薄弱，因此美國涉及海外領土的「要點式擴張」主要集中在此，而且是以一種比較張揚的姿態來

進行的，整個擴張進程基本上都按照國內政治的步驟來進行。相形之下，美國在大西洋方向則十分謹慎。除了努力將商品打入歐洲市場外，美國力避造成任何向這一方向擴張的印象，甚至對於非洲也是如此。事實上，到 19 世紀末，非洲是美國發展最快的兩個海外市場之一（另一個是中國），但由於歐洲列強在此利益過重，美國商界和政府就有意無意地將其忽略，根本沒有將其作為一個擴張的選項。[10] 這種態勢差異同樣體現在軍事方面。1890 至 1900 年是美國海軍發展的重要階段，但在不同戰略方向的部署和運用上則有很大區別。在太平洋地區，美國無疑將其作為一個可以放手進攻的方向，「幾乎可以用上我們全部的艦隊」。[11] 但對於大西洋方向，美國的海軍則始終保持一種防禦態勢，確保不挑戰英國皇家海軍在這一海域的控制權。這種類似「西攻東守」的地緣戰略取向雖然不見諸美國的政府檔案，但在美國的政策實踐中則體現得非常充分，是其順利實現海外擴張而未引起多少反彈的一個重要原因。

當然，相對於浩瀚的現實來說，上述簡短的分析僅僅是窺豹一斑，反過來，從 1890 至 1900 年這一小段歷史推導出太多結論也會引起過度解讀之嫌。正如美國的「例外論」一直經久不衰一樣，實際上每個超大國家在一定程度上都可以說是一種例外。但是，像制度、成本和戰略等反復出現的、具有某種規律性的要素，可能永遠值得人們思考，沒有止境地思考。

註釋

1　〔法〕托克維爾著，董果良譯：《論美國的民主》下（北京：商務印書館，1996 年），頁 554。

2　Friedrich Meinecke, *Zur Theorie und Philosophie der Geschichte* (Stuttgart: K.F. Köhler Verlag, 1959), pp.258-259.

3　Jack Snyder, *Myths of Empire: Domestic Politics and International Ambition* (Ithaca: Cornell University Press, 1991), pp.43-46.

4　〔德〕馬克斯·韋伯：《經濟與社會》，頁 754、776。

5　A. T. Mahan, *The Influence of Sea Power upon History* 1660-1783, p.28.

6　Walter LaFeber, *The New Empire*, p.19.

7　A. T. Mahan, "The United States Looking Outward," pp.71-72.

8　Thomas J. McCormick, *China Market*, p.175.

9　William Smith Culbertson, "The 'Open Door' and Colonial Policy," *The American Economic Review* 9.1 (Mar. 1919), pp.333-334.

10　Charles S. Campbell Jr., *Special Business Interests and the Open Door Policy*, p.11.

11　Walter LaFeber, *The New Empire*, p.295.

主要參考書目

中文書目

丁則民主編：《美國內戰與鍍金時代 1861—19 世紀末》，北京：人民出版社，1990 年。

英文書目

BEAR G W. One *Hundred Years of Sea Power: The U.S. Navy, 1890-1990*. Stanford, CA: Stanford University Press, 1993.

BEISNER R. *From the Old Diplomacy to the New, 1865-1900*. Arlington Heights, Ill.: Harlan Davidson, 1986.

BEMIS S F. *The Latin American Policy of the United States: A Historical Interpretation*. New York: Harcourt, Brace and World, 1943.

BILLINGTON R A, ed. *The Frontier Thesis: Valid Interpretation of American History?*. New York: Rinehart and Winston, 1966.

BROCE R. *1877: Years of Violence*. Indianapolis: Bobbs-Merrill, 1959.

CAMPBELL A E. *Great Britain and the United States 1895-1903*. London: Greenwood Press, 1974.

CAMPBELL C S Jr. *Special Business Interests and the Open Door Policy*, New Haven: Yale University Press, 1951.

CAMPBELL C S. *Anglo-American Understanding 1898-1903*. Baltimore: Johns Hopkins Press, 1957.

CAMPELL C S, *The Transformation of American Foreign Relations: 1865-1900*, New York: Harper & Row, Publishers, 1976.

COHEN W I, ed., *The Cambridge History of American Foreign Relations* vol.2. Cambridge: Cambridge University Press, 1993.

COOLING B F, *Grey Steel and Blue Water Navy: The Formative Years of America's*

Military-industrial Complex 1881-1917. Hamden, Connecticut: Archon Books, 1979.

DENNETT T. *John Hay: From Poetry to Politics.* New York: Dodd, Mead & Company, 1934.

FRIEDMAN A L. *The Weary Titan: Britain and the Experience of Relative Decline 1895-1905* Princeton, N.J.: Princeton University Press, 1988.

GOULD L L, *The Spanish-American War and President McKinley*, Kansas: University Press of Kansas, 1982.

GOULD L L. *The Presidency of William McKinley.* Kansas: Regents Press of Kansas, 1980.

GRENVILLE J A S & YOUNG G B, *Politics, Strategy and American Diplomacy: Studies in Foreign Policy 1873-1917.* New Haven and London: Yale University Press, 1966.

HIGHAM J. *Strangers in the Land: Patterns of American Nativism 1860-1925.* New Jersey: New Brunswick, 1955.

HOFSTADTER R. *The Paranoid Style in American Politics and Other Essays.* New York: Alfred A. Knopf, 1965.

HOFSTADTER R. *The Progressive Historians: Turner, Beard, Parrington.* New York: Vintage Books, 1970.

HOFSTADTER R. *Social Darwinism in American thought 1860-1915.* Philadelphia: University of Pennsylvania Press, 1945.

HOWARTH S. *To Shining Sea: A History of the United States Navy 1775-1991.* London: Weidenfeld & Nicolson, 1991.

JENSEN R，DAVIDANN J，SUGITA Y, eds. *Trans-Pacific Relations: America, Europe, and Asia in the Twentieth Century.* Westport: Praeger Publishers, 2003.

KELLEY R. *The Transatlantic Persuasion: The Liberal-Democratic Mind in the Age of Gladstone.* New York: Alfred A. Knopf, 1969.

KENNEDY P, *The Realities Behind Diplomacy: Background Influences on British External Policy 1865—1980.* London: George Allen & Unwin, 1981.

LAFEBER W. *The New Empire: An Interpretation of American Expansion 1860-1898.*

Ithaca, N.Y.: Cornell University Press, 1963.

LAFEBER W，POLENBERG R. *The American Century: A History of the United States Since the 1890s.* N.Y.: John Wiley & Sons, Inc. 1975.

LANGER W L. *The Diplomacy of Imperialism 1890-1902*, N.Y. & London: Alfred A. Knopf, 1935.

LLOYD T O. *The British Empire 1558-1983.* New York: Oxford University Press, 1984.

LOVE R. *History of the U.S. Navy 1775-1941* vol.1. Harrisburg, P.A.: Stackpole Books, 1992.

MAHAN A T, *The Interest of America in Sea Power, Present and Future.* Boston: Little, Brown, 1898.

MAHAN A T, *The Influence of Sea Power upon History 1660-1783.* London: Sampson Low, Marston & Company, 1899.

MARDER A J. *The Anatomy of British Sea Power.* N.Y. & London: Alfred A. Knopf, 1940.

MAY E R. *Imperial Democracy: The Emergence of America as a Great Power.* New York: Harper & Row, 1961.

MAY E R. *American Imperialism: A Speculative Essay.* New York: Atheneum, 1968.

MCBRIDE W M. *Technological Change and the United States Navy 1865-1945.* Baltimore: The John Hopkins University Press, 2000.

MCCORMICK T J. *China Market: America's Quest for Informal Empire 1893-1901*, Chicago: Quadrangle Books, 1967.

MILLER N. *The U.S. Navy: History* (3rd edition). Annapolis, Maryland: Naval Institute Press, 1997.

MORISON E E & BLUM J M, et al. *The letters of Theodore Roosevelt* vol.1. Cambridge, Mass.: Harvard University Press, 1951.

OFFNER J L, An Unwanted *.War: The Diplomacy of the United States and Spain over Cuba 1895—1898.* Chapel Hill: University of North Carolina Press, 1992.

PERKINS D, *The Monroe Doctrine 1867-1907.* Baltimore: The John Hopkins

Press, 1937.

PERKINS D. *A History of the Monroe Doctrine*. Boston: Little, Brown and Company, 1941.

PERKINS B. *The Great Rapprochement: England and the United States 1895-1914*. New York: Atheneum, 1968.

PLETCHER D M. *The Diplomacy of Trade and Investment: American Economic Expansion in the Hemisphere 1865-1900*. Columbia: University of Missouri Press, 1998.

PRATT J W. *Expansionists of 1898: The Acquisition of Hawaii and the Spanish Islands*. Baltimore: John Hopkins Press, 1936.

PRATT J W, *A History of United States Foreign Policy*. Prentice-Hall Inc., Englewood Cliffs, 1980.

REYNOLDS D. *America, Empire of Liberty: A New History*. London: Penguin Books Ltd., 2010.

ROOSEVELT T & LODGE H C. *Selections from the Correspondence of Theodore Roosevelt and Henry Cabot Lodge 1884-1918* vol.1. New York: C. Scribner's Sons, 1925.

ROSENBERG E S. *Spreading the American Dream: American Economic and Cultural Expansion 1890-1945*. New York: Hill & Wang/Farrar, 1982, p.49.

SCHLESINGER A M Jr. *History of the U.S. Political Parties* vol.3. New York: Chelsea House Publishers, 1973.

SCHLESINGER A M Jr. *The Cycles of American History*. Boston, Mass.: Houghton Mifflin, 1986.

SKOCORONEK S. *Building A New American State: The Expansion of National Administration Capacities 1877-1920*. Cambridge: Cambridge University Press, 1982.

SMITH N. *American Empire: Roosevelt's Geographer and the Prelude to Globalization*. Berkeley, CA: University of California Press, 2003.

SPROUT H H. *The Rise of American Naval Power 1776-1918*. Princeton: Princeton University Press, 1944.

STRONG J. *Our Country: Its Possible Future and Its Present Crisis*. New York: Bible House, Astor Place, 1885.

STRONG J. *The New Era*. New York: Baker and Taylor Company, 1893.

STRONG J. *Expansion: Under New-World Conditions*. New York: Baker and Taylor Company, 1900.

TAUSSIG F W. *The Tariff History of the United States* (5th edition). New York: The Knickerbocker Press, 1910.

TAYLOR G R, ed. *The Turner Thesis: Concerning the Role of the Frontier in American History*. Boston: Heath, 1956.

THAYER W R. *The Life and Letters of John Hay* vol.2. New York: Houghton Mifflin Company, 1915.

TURNER F J. *The Significance of the Frontier in American History*. London: Penguin Books, 2008.

WIDENOR W C. *Henry Cabot Lodge and the Search for an American Foreign Policy*. CA: University of California Press, 1983.

WILLIAMS R H. *Years of Decision: American Politics in the 1890s*. New York: John Wiley & Sons, 1978.

WILLIAMS W A. *The Shaping of American Diplomacy: Readings and Documents in American Foreign Relations 1750-1955* vol.1 (1750-1914). Chicago: Rand McNally & Company, 1956.

ZAKARIA F. *From Wealth to Power: The Unusual Origins of America's World Role*. Princeton, N.J.: Princeton University Press, 1998.

英文期刊

Agricultural History

The American Historical Review

Journal of American Studies

The Mississippi Valley Historical Review

American Quarterly

The Business History Review

Presidential Studies Quarterly

The Economic Journal

The Forum

Montana: The Magazine of Western History

The North American Review

The Hispanic American Historical Review

Pacific Historical Review

Political Science Quarterly

The Journal of Modern History

帝國定型：美國的 1890-1900

後記

    從事國際戰略研究的時間長了，就擺脫不了這樣一種感覺：美國是個無所不在的帝國。

    不過，要瞭解這個帝國絕非易事。因為工作，我能經常與美國官員、軍人和學者打交道，又曾花相當一番氣力研究 19 世紀歐洲國際關係史，自忖對西方的國際政治邏輯和傳統有些心得，但在理解美國的政策方面總有隔膜，而美國人自己的解釋（如理想主義和現實主義的濫調）無疑也難以令人滿意。最終我選擇回溯到某個歷史的「原點」來看待這個問題。而所謂「原點」，就是後來帝國的所有要素及其運行規律都已具備，只等時機成熟後的充分發育和擴展；同時其邏輯關係還沒有變得複雜，生成的機理也相對容易把握。從世界性帝國崛起的角度來看，美國歷史上的最佳「原點」就是 19 世紀的最後十年，即 1890 至 1900 年。這一階段以美國西部邊疆的「關閉」為開頭，以在華「門戶開放」照會為結尾。這一「關」一「開」之間正好是美國從大陸擴張向海外擴張的轉型期，也是一個不同於以往任何帝國形態的新型帝國的定型期。

    那十年也是美國人物輩出的時代。特納、馬漢、布魯克斯、西奧多·羅斯福、參議員洛奇等均在此時走上歷史舞台。讀他們的文章和書信能真切感到那個時代美國的衝勁，如果不過多考慮國際政治中「仁義道德」的話，應該也會對這樣一批為了國家利益而幹勁沖天的人心存敬意。不過，美國政治人物的文章和講演都有點像啤酒，上面覆蓋了厚厚一層宏偉言辭，飛騰張揚，也並非無味，但

終究不是實質內容。這種傳統一直延續到今天，可能也是妨礙人們瞭解其真實政策意圖的一個因素。本書在研究和撰寫中要努力廓清和發掘的，也正是這種美式言辭背後實質性的東西。

整本書的撰寫是在我那本《脆弱的崛起：大戰略與德意志帝國的命運》完稿後才開始的，雖然全力以赴，但集中研究的時間終究有限，自己的知識儲備也不夠。所幸學友們給予了無私的支持，像中國人民大學的吳征宇老師和李晨老師，北京大學的于鐵軍老師，北大歷史系博士生任燕翔、國關院博士生康杰，不僅犧牲寶貴時間向我推薦和提供各種資料，還常常與我就其中的一些問題詳細討論，我的很多思路都是從這種「學術閒談」中慢慢理清的。在這裏向他們表示衷心的感謝。

最後想說的是，歷史與現實之間永遠是一種深層的互動關係，所以歷史觀本質上也是世界觀。但是，兩者只能是一種哲學意義上的相互映現，而不是庸俗化的對照。德國「統一戰爭」的軍事總指揮、克勞塞維茨之後德國最偉大的軍事思想家赫爾穆特·馮·毛奇（老毛奇）高度推崇歷史研究，但也反復告誡後人：永遠不要帶着問題去研究歷史，不要試圖從歷史中去找答案。這句話始終伴隨着我的研究過程。

策劃編輯　　梁偉基
責任編輯　　梁偉基
書籍設計　　陳朗思

書　　名　　帝國定型：美國的 1890-1900
著　　者　　徐棄鬱
出　　版　　三聯書店（香港）有限公司
　　　　　　香港北角英皇道四九九號北角工業大廈二十樓
香港發行　　香港聯合書刊物流有限公司
　　　　　　香港新界荃灣德士古道二二〇至二四八號十六樓
印　　刷　　美雅印刷製本有限公司
　　　　　　香港九龍觀塘榮業街六號四樓 A 室
版　　次　　二〇二四年六月香港第一版第一次印刷
規　　格　　大三十二開（140 mm × 210 mm）二〇八面
國際書號　　ISBN 978-962-04-5413-4
© 2024 三聯書店（香港）有限公司
Published & Printed in Hong Kong, China.

本書中文繁體字版本由廣西師範大學出版社授權三聯書店（香港）有限公司在中國
內地以外地區獨家出版、發行。